RANG YOUER JIAOYU CHONGMAN LUNLI GUANHU

让幼儿教育充满伦理关怀

罗 虹/著

北京师范大学出版集团
BEIJING NORMAL UNIVERSITY PUBLISHING GROUP
北京师范大学出版社

图书在版编目（CIP）数据

让幼儿教育充满伦理关怀／罗虹著．—北京：北京师范大学
出版社，2019.9
　ISBN 978-7-303-25004-2

　Ⅰ．①让…　Ⅱ．①罗…　Ⅲ．①幼儿教育－研究　Ⅳ．① G61

中国版本图书馆 CIP 数据核字（2019）第 178583 号

营 销 中 心 电 话　010-57654738　57654736
北师大出版社职业教育分社网　http://zjfs.bnup.com
电 子 信 箱　　zhijiao@bnupg.com

出版发行：北京师范大学出版社 www.bnupg.com
　　　　　北京市西城区新街口外大街 12-3 号
　　　　　邮政编码：100088
印　　刷：北京盛通印刷股份有限公司
经　　销：全国新华书店
开　　本：889 mm×1194 mm　1/20
印　　张：9
字　　数：150 千字
版　　次：2019 年 9 月第 1 版
印　　次：2019 年 9 月第 1 次印刷
定　　价：48.00 元

策划编辑：伊师孟　　　　　　责任编辑：马力敏　温玉婷
装帧设计：焦　丽　　　　　　美术编辑：焦　丽
责任校对：赵媛媛　　　　　　责任印制：陈　涛

● 序

　　幼儿教育是基础教育的基础。幼儿园是儿童走出家门、走向社会的第一个公共场所，是儿童社会化的第一步，对儿童的一生发展会产生不可估量的影响。教师的质量关系到儿童一生的成长，关系到亿万家庭的希望，更关系到国家的未来。因此，幼儿园教师的素质至关重要。新时代中国教育对教师的职责与素质提出了新的更高的要求。20 世纪 80 年代以来，通过明确教师专业标准来凸显教师职业的专业性、推进教师专业化进程，成为世界许多先进国家提高教师质量的共同战略，中国也不例外。特别是我国高速发展的学前教育，不仅幼儿教师数量不足，而且质量也亟待提高。幼儿教师队伍建设已经成为当前极为重要的任务。

　　2012 年，教育部颁布了《幼儿园教师专业标准（试行）》（以下简称《专业标准》），它是我国推进教师专业化的重要文件，描绘了一名合格教师的道德坐标、知识坐标与能力坐标。文件精神似乎落实得并不理想，许多地方教育部门都不知道这个文件的存在，幼儿园教师更是毫无知晓。但是我国各地还有不少优秀幼儿园，有一批优秀的幼儿教师，他们创新了中国特色幼儿教育实践经验，积累了中国特色幼儿教育经验。重庆巴蜀幼儿园就是这样一所幼儿园。园长罗虹有教育情怀、仁爱之性、钻研精神，主动学习了国内外幼儿教育理论，把教师队伍的专业建设放在幼儿园建设的首位，把幼儿园办成了儿童的乐园。罗虹在办园的过程中不断学习，不断总结，组织团队撰写了《让幼儿教育充满伦理关怀》一书。

　　我因为视力衰退，无法通读全书，但阅读了它的前言和目录，浏览了几个章节，发现罗虹不仅对幼儿教师的专业伦理规范在理论上做了系统的论述，还把它应用于巴蜀幼儿园的实践中。本书的实践部分列举了许多案例，讲了不少教育故事，实在是一部幼儿教师的教科书，值得幼儿教师一读。

　　罗虹要我写几句，是为序。

张咏遥

2018 年 9 月 22 日

目　　录
CONTENTS

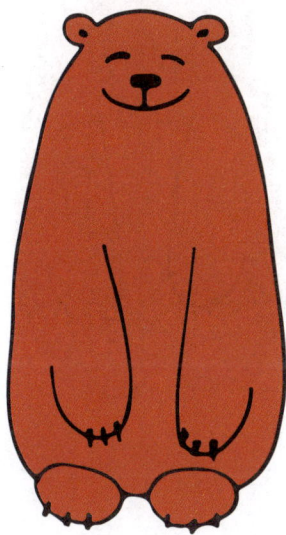

目 录
CONTENTS

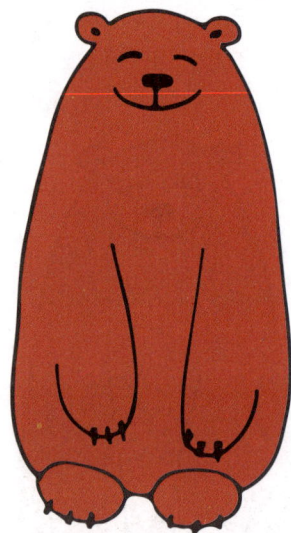

引　言

教师专业伦理规范是教师专业发展的核心内容之一。1966年10月，联合国教科文组织通过了《关于教师地位的建议》，该文件引起了各国对教师专业伦理的关注与讨论。20世纪六七十年代以来，各国普遍重视制定教师（包括幼儿教师）专业伦理规范，落实教师专业伦理来规范教师的行为，在提升教师专业化水平的同时，确保教育是一种符合社会主流价值观的善的教育。

当前我国的学前教育事业正处于历史上少有的大发展时期，在普及学前教育的背景下，幼儿教师的规模急剧扩大，如何保证幼儿教育的过程符合道德伦理价值规范，是一个非常具有挑战性的话题，在学前教育机构时有发生的恶性虐童事件一再提醒社会和从业人员，幼儿教师应该有更高的道德价值追求，我们迫切需要一套专业伦理规范来保障教育的质量，并让社会对幼儿教师职业充满信心。

一、专业的幼儿教师需要专业的规范

毋庸置疑，幼儿教师这个职业是一种无法被替代的职业，需要受过专门训练和符合特定行为规范的人来担任。

幼儿教师是专业人员，那么在教育教学实践活动中就应该表现出一定水准的专业行为。履行专业行为是指专业人员在工作中运用经过检验的专业知识与技能。具体到幼儿教师的专业行为，就是运用儿童发展、儿童教育方面的专业知识和技能，在具体的教育情境中为具体的幼儿做出适宜的教育决策和制订教育方案，促进每个幼儿在特定领域的发展。从某种程度上来说，专业行为就是一种好的和善的行为，是一种符合专业知识和道德理想的行为。

需要指出的是，教师资格证书并不必然与专业行为有联系。拥有教师资格证书的人也并非一定能表现出合乎要求的专业行为，有时也会表现出非专业行为。当然，非专业行为并不是绝对不好的行为，但其产生的结果一定比不上专业行为。表现出非专业行为的人员，不会像专业人员在处理幼儿教育问题时，以特定的价值观和儿童的利益来考量问题，并且用较专业的知识、自己的专业经验和判断来做出决策，而往往只是凭借自己的直觉、常识常规、自己的生活经验做出判断。幼儿教师这个职业缺乏专业伦理规范，诉诸教师个人的道德修养和境界，无法保证所有幼儿教师的行为是好的和专业的。

幼儿教师作为一名专业人员，在任何时候都应该具有一定的专业水准。为了保证教师的行为属于专业范畴，应该有一类专业的行为指标，来区分专业行为与非专业行为。国内学者徐浩斌认为幼儿教师专业伦理建设有利于彰显幼儿教师作为专业团体的特征，规范相关从业人员的行为，体现其专业工作的规范化与标准性，从而保持专业团体的社会威望和名誉，并为发展新成员提供筛选标准。[1] 即专业伦理规范规定教师日常行为的标准，规定何事可做、何事不可做，并引导教师自我反省和发展。

[1]徐浩斌：《关于幼儿教师专业伦理建设的思考》，载《中国教育学刊》，2012（5）。

二、从师德走向专业规范

中国悠久的文化传统历来都强调教师的品德，对教师有着很高的道德要求。随着教育事业的不断进步，教师专业化的不断推进，人们对教师职业的德行也不断有新的诠释和理解。但最终落脚在个人境界的师德这个概念上，这无法保证约束和引导教师群体的行为向善。从教师职业发展的角度看，师德概念需要扩展，需要从重视教师个人的内在道德修养走向强调教师群体与个体做出专业行为的专业伦理这一概念。实际上，传统的师德与教师专业伦理之间有着紧密的关系。

传统意义上的师德包括两个方面的内容。一方面是公民应该具有的公德；另一方面是教师的职业道德，即与教师职业特点直接联系的道德素质。[1]随着生产力的发展，社会职业分化越来越明显，教育活动也呈现出特殊的职业特点，有着特有的利益关系，从而形成具有教师职业特点的行为规范和道德要求，即教师职业道德。

道德和伦理这两个词语的含义是有区别的。道德是个体对自身完满性的价值追求，具有主体性与私人性；伦理是基于社会成员之间的互动交往而形成的规范体系，具有主体性与公共性。[2]也就是说道德是针对个人而言的，是个人对自我行为的约束，伦理是强调社会群体生活的规范和准则。由此可知，教师职业道德侧重于教师个人的主观意志，教师专业伦理强调教师与其他成员及组织的相互关系。[3]

[1]罗昂：《教师专业伦理的内涵与持续发展》，载《中国德育》，2008（4）。
[2]韩升：《伦理与道德之辨正》，载《伦理学研究》，2006（1）。
[3]樊磊：《美国〈教育专业伦理规范〉的长效性与实效性探究》，硕士学位论文，渤海大学，2016。

从内涵来看，教师专业伦理是教师应该且必须遵守的行为规范和准则。教师职业道德有一定的弹性，即教师应该遵守但并非必须遵守的规范。除此之外，传统的师德主要反映社会公众对教师的期望和要求，具有明显的社会他律特征，而教师专业伦理更强调专业自律。相对于传统师德而言，教师专业伦理强调客观性，在规范教师的行为方面更具有实践性与操作性。因此，有研究者指出，从教师职业道德到教师专业伦理的转向基于教师专业发展的要求以及伦理与道德的分野，教师专业伦理在提升教师的专业品质、保障学生的受教育权益、维护教师的专业自主权方面具有内在的价值。[1]

三、幼儿教师专业伦理规范的功能

幼儿教师专业伦理规范是幼儿教师专业化发展的重要组成部分，为幼儿教师提供了在教学实践活动中应遵循的行为准则和伦理规范，对学前教育事业的发展具有多重功能和价值。

国外有研究者总结指出专业伦理规范具有如下功能。①宣示功能：向社会宣告专业团体本身的社会责任和服务宗旨，让社会了解该专业团体的自我期许和自律精神，以获得社会对专业团体的信任和支持，建立专业团体与社会的良好关系。②指引功能：专业伦理的内涵涉及专业团体的核心价值及行事原则，若未予以明确，专业成员很容易自行解读，甚至会因个人的意识形态或偏见而有不正确的判断，因此明确制定专业伦理规范，可指引专业人员了解该专业团体的核心价值及发展原则，知道哪些是可以被接受的行为，不至于在实践活动中迷失方向。③监督功能：虽然专业人员在

---

[1] 王丽佳、洪洁：《解读"教师专业伦理"》，载《湖南师范大学教育科学学报》，2009（6）。

职前培养和职后培训阶段都要经过相当严格的学习，但在实际工作中，诱惑、私心、偏见等情况有可能影响其专业行为。制定专业伦理规范，可以监督专业人员的行为，使其保持警惕性。④保护功能：专业伦理规范通常会规范从业的条件、行事的准则与方式等。一方面，这可以阻止非专业人员混入专业领域，影响专业人员的利益；另一方面，专业人员遇到不合理要求时，可以根据专业伦理规范予以拒绝，以防不道德的行为发生，对专业人员起到保护作用。⑤裁决功能：幼儿教师在教学过程中，家长可能会质疑教师的教学方式等，此时专业伦理规范可作为裁决争议和冲突的重要依据；另外，当专业人员违背专业伦理规范时，专业伦理规范也是惩罚的准则。⑥象征功能：专业伦理规范主要列出了专业团体的公共责任的架构以及内部规范的行为标准。[1] 徐浩斌认为幼儿教师专业伦理规范有利于彰显幼儿教师作为专业团体的特征，规范从业人员的行为，体现其专业工作的规范性与标准化，从而保证专业团体的社会威望和名誉，并为发展新成员提供筛选标准。[2]

综上所述，教师专业伦理规范能将专业行为与非专业行为区分开来，它是对传统师德概念的继承和发展，也是引导教师专业发展的重要方式。目前，我国在行业层面还缺乏全面、具体、明确的幼儿教师专业伦理规范，没有对幼儿教育实践中的伦理问题做出积极有效回应的规范性文件，这在一定程度上影响了幼儿教师整体素质的提升。

[1]曾火城、黄柏叡等：《幼儿教保专业伦理》，14~15页，台中，华格那企业有限公司，2009。
[2]徐浩斌：《关于幼儿教师专业伦理建设的思考》，载《中国教育学刊》，2012（5）。

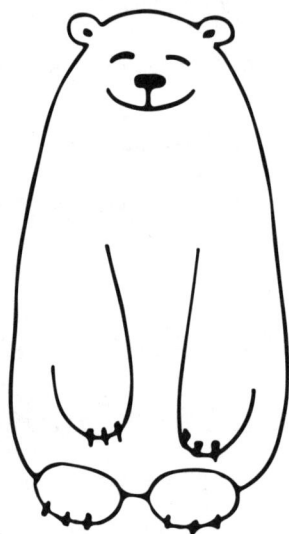

第一章　幼儿教师专业伦理规范的架构与制定

　　"专业伦理"来源于英文 professional ethics，它强调某专业团体的成员彼此之间或与社会其他团体及其成员互动时，遵守专业的行为规范，借以维持并发展彼此的关系。因此，专业伦理可理解为专业团体内部的成员和与专业活动相关的成员互动时，必须遵守的一套约定俗成的行为规范，如若专业团体的成员不遵守相应的规范，该成员就将被排斥在群体之外。[1]

　　到目前为止，学术界对幼儿教师专业伦理规范没有下十分明确的定义，有研究者将幼儿教师专业伦理规范定义为在幼儿园教育教学过程中，幼儿教师在承诺遵守幼儿教育核心价值观的基础上，所应遵守的一系列行为规范和行事准则等。[2]邵小佩认为幼儿教师专业伦理规范是幼儿教师在从事教育教学这一专业工作时应遵循的基本伦理规范和行为准则，它约束和规范幼儿教师在执行相关活动时对自身、他人及社会的行为。[3]也有研究者引入观念和品质，认为幼儿教师专业伦理规范是指幼儿教师在从事幼儿保育和教育过程中应遵守的一系列行为规范和行事准则，以及在这些基础上所表现出来的观念意识和行为品质。[4]

[1] 檀传宝：《教师伦理学专题：教育伦理范畴研究》，1~10页，北京，北京师范大学出版社，2000。
[2] 陈连孟：《幼儿教师专业伦理形成研究》，硕士学位论文，西南大学，2013。
[3] 邵小佩：《论幼儿教师专业伦理》，载《教育导刊（幼儿教育）》，2009（10）。
[4] 王雅茹：《幼儿园教师专业伦理的缺失与生成》，硕士学位论文，浙江师范大学，2011。

通过上述研究者对幼儿教师专业伦理规范所下的定义来看，研究者对幼儿教师专业伦理规范的概念的理解有很大的共性，即都从行为层面界定和理解专业伦理规范，认为幼儿教师专业伦理在教师专业化过程中发挥了制约与规范行为的作用，幼儿教师在教育教学中，用以制约幼儿教师对自身、他人及社会的行为规范和准则。

● 第一节　幼儿教师专业伦理规范的架构

世界上最早的幼儿教师专业伦理规范是美国幼教协会（National Association for the Education of Young Children，NAEYC）于 1989 年制定的，之后其他很多国家纷纷跟进。美国幼教协会颁布的《伦理规范和制定承诺声明》（Code of Ethical Conduct and Statement of Commitment）分为两部分。第一部分包括制定缘由、核心价值以及概念框架等；第二部分包括幼儿教师对幼儿、对家庭、对同事、对社会四个方面的伦理责任，每个方面由意义、理念及原则三部分构成，其中对同事的专业伦理包括对合作者、对雇主、对雇员三部分内容。

《伦理规范和制定承诺声明》中对幼儿的伦理责任包括教师熟悉幼儿养育的基本知识，并通过不断地教育和在职训练学习最新的养育知识；意识到并尊重每个幼儿的特殊之处和潜能等，原则上包括不能伤害幼儿，不能参与不尊重幼儿的、有辱幼儿人格的、危险的、情感上对幼儿有伤害的或对幼儿身体有伤害的实践活动等。对家庭的伦理责任包括教师建立与幼儿家庭相互信任的关系等，原则上包括不能拒绝家庭成员进入教室或者其他教育环境等。对同事的伦理责任分为与合作者、雇主和雇员三部分，对合作者的伦理责任包括与合作者建立和保持相互尊重、信任与合作的关系，原则上包括当对合作者的专业行为有疑问时，应首先表示对合作者的尊重，以及对其行为多样性的理解，再以合作的方式解决问题；对雇主的伦理责任包括协助提供高质量的服务等，原则上包括当不赞成教育场所的某些政策时，应该尝试在组织内部通过建设性行为加以解决等；对雇员的伦理责任包括创造良好的工作条件来培养职员相互尊重的态度，原则上包括在做决策时，应考虑职员的学历、教学技能、教学经验、专业知识等因素。在对社会的伦理责任中，理想目标包括为社会提供高质量的教育看护项目和服务等，原则上包括应公开和真实地与各界对所提供的服务的性质和范围进行沟通等。[1]

澳大利亚的《幼儿教育伦理规范》（Early Childhood Australia's code of Ethics）在横向伦理关系的划分上主要从八个方面展开，分别是与幼儿的关系、与幼儿家长的关系、与同事的关系、与社区的关系、与专业学生的关系、与雇用者的关系、与自我的关系、与研究实践的关系。[2] 这明显是受到了美国幼教协会框架的启发。其中，幼儿教师与幼儿的关系包括为所有幼儿的最佳权益而奋斗，尊重幼儿权利，承认幼儿作为公民参与不同的社会群体的权利等；与幼儿家长的关系包括倾听家长的意见并向家长学习，协助幼儿家庭成员增强家庭归属感和包容感等；与同事的关系包括鼓励同事依据本规范行事，建立基于信任、尊重和诚实协作的工作关系；与社区的关系包括了解工作

[1] NAEYC. Code of ethical conduct and statement of commitment, https://www.naeyc.org/resources/position-statements/ethical-conduct, 2019-01-03。

[2] Early Childhood Australia's Code of Ethics, http://www.early-childhoodaustralia.org.au/our-publications/ecacode-ethics, 2019-01-03。

所在社区，与社区内支持儿童及其家庭的服务人员和机构建立联系等；与专业学生的关系表现在为学生提供专业的实践机会和资源以利于学生展示能力等；与雇用者的关系则表现为支持公正的、非歧视的、能代表幼儿与家庭最大利益的职场政策、标准和实践；与自我的关系是将自己看成一个进行反思、批判性的自我学习、持续专业发展和从事当代理论与实践的学习者；与研究实践的关系包括认识研究项目，以及积极应对幼儿的参与。[1]可以看出，澳大利亚的幼儿教师专业伦理规范的内容涵盖范围较广。

也有学者提出了不同的框架，吴清山、黄旭均认为教师专业伦理的内容应包括以下内容。①教师应该充满爱心，耐心指导学生，启发学生潜能；②教师应公平对待每位学生，不得有种族、宗教、地区、政党、社会经济地位、性别或身心残疾等歧视；③教师应充分了解学生的身心发展，尊重学生的个别差异，施以适当的教育；④教师应关心学生，适时给予关怀和协助；⑤教师应时时反省自己的言行，处处为学生做表率；⑥教师应慎用学生个人及其家庭资料，不得任意泄露；⑦教师教导学生时，不得传授与教学无关的讯息，影响学生的身心发展；⑧教师应避免对学生进行恶意性、情绪性或压迫性的言语伤害。[2]吴清山、黄旭均认为教师专业伦理内容主要涉及教师与学生的伦理关系，其所理解的教师专业伦理内容范围较狭窄，所论更接近于美国幼教协会专业伦理中的理念或者原则部分的内容。而汪慧玲、沈佳生在其研究中，介绍了幼儿教育改革研究会 2001 年制定的幼儿教育专业伦理守则，分别从对幼儿、对家长、对同事、对社会四方面进行理念及实际执行指引原

[1] 索长清、蒋娟、但菲：《澳大利亚幼儿教育伦理规范的特点及其启示》，载《教育探索》，2016（7）。
[2] 吴清山、黄旭均：《教师专业伦理准则的内涵与实践》，载《教育研究月刊》，2005（4）。

则的阐述。[1] 由此可见，我国台湾幼儿教育改革研究会制定的幼儿教育专业伦理守则的基本框架与美国幼教协会颁布的《伦理规范和制定承诺声明》一致。

《专业标准》在"专业理念与师德"这一维度中包含职业理解与认识、对幼儿的态度与行为、幼儿保育和教育的态度与行为、个人修养与行为四个二级指标和二十个三级指标。《专业标准》的制定符合我国学前教育事业发展的需要，也适应了国际幼儿教师专业发展的趋势，同时也明确指出了我国从事幼儿园保育和教育的工作人员需要具备的职业道德和态度。但是《专业标准》中"专业理念与师德"这一维度的内容看似详细，其中戒律性的规范仅有一条，即不讽刺、不挖苦、不歧视幼儿，不体罚或变相体罚幼儿，其内容对幼儿教师具体行为上的指导性规范性和约束性都显得不足。

我国针对幼儿教师专业伦理规范的研究较少，对幼儿教师专业伦理规范具体内容的研究也不多见，且由于研究者对教师专业伦理与教师职业道德的概念经常混淆，故不少研究者在研究中使用职业道德一词来代替专业伦理。王莨就根据《幼儿园教育指导纲要（试行）》的精神，并参照《中小学教师职业道德规范》，综合多家单位制定的幼儿教师职业道德规范，尝试性地提出了八条幼儿教师职业道德规范：学法守法，依法执教；爱岗敬业，保教并重；尊重幼儿、热爱幼儿；严谨治学，锐意创新；团结协作，取长补短；尊重家长，热情服务；防腐拒变，廉洁从教；以身立教，为人师表。[2] 这些理念和价值取向的内容比较模糊，缺乏具体的标准和外在的行为，因此这些是无法有

[1] 汪慧玲、沈佳生：《幼儿教师专业伦理实践之研究》，载《幼儿保育学刊》，2007（5）。
[2] 王莨：《幼儿教师职业道德规范初探》，载《河南职业技术师范学院学报（职业教育版）》，2009（6）。

效引导和规范幼儿教师的日常教育行为的。

总体来看，国内关于幼儿教师专业伦理规范的内容框架的讨论和研究，比较注重幼儿教师对自身、对幼儿、对同事的伦理规范，较少谈及教师对社会、对社区的伦理责任，这可能与我们的文化背景有很大的关系。但是，对于幼儿教师专业伦理规范的内容架构，各方一致认可的框架还是美国幼教协会的架构，其架构基本是从幼儿教师对幼儿、对家长、对同事和对管理者几个方面来架构和思考专业伦理规范的。

● 第二节　幼儿教师专业伦理规范的制定过程

幼儿教师专业伦理规范的制定是一个复杂而又严谨的过程，不同国家、地区的幼儿教师专业伦理规范的制定过程是不同的。学界对于幼儿教师专业伦理的讨论始于美国，接着是澳大利亚，然后是亚洲部分国家和地区（新加坡、中国台湾等）。

美国幼教协会的幼儿教师伦理规范的发展经历了长期复杂的研制和修正过程：从社会对幼儿教师专业伦理规范的期望，到专业研究者的呼唤与号召，再到美国幼教协会开始正式回应大众呼吁，随后进行了一系列问卷调查收集信息，且在每年定期举行的工作会议上成立伦理规范工作小组，专门探讨与研究相关问题，随后获得包括协会成员、社会上关心幼教事业的人士的广泛参与和积极讨论，最终在讨论后颁布了美国幼教协会历史上第一个幼儿教师《专业伦理规范与制定承诺声明》，并在后续的宣传中不断更新，每隔五年进行一次内容的审核与修订。[1]

在澳大利亚，从 20 世纪 90 年代开始，一个由多位专家组成的国家工作小组开始致力于幼儿教育伦理规范的制定。在后续的修订过程中，很多专业组织也发挥自身优势，在宣传的过程中发现问题并及时改进，经过多年努力，澳大利亚幼教委员会（Early Childhood Australian National Council）于 2006 年制定了《幼儿教育伦理规范》（Early Childhood Australia's Code of Ethics）并得到正式批准。[2]澳大利亚幼儿教师专业伦理规范的制定不同于美国，其制定过程是由官方主导的，政府非常重视幼儿教师专业伦理的制定和落实，聘请相关专家学者对此进行了深入的研究，研拟出来了伦理守则的内容，之后由澳大利亚幼教委员会颁布了幼儿教师专业伦理规范[3]。

新加坡的幼儿教师专业伦理规范是新加坡幼教协会 [Association for Early Childhood Educators, （Singapore）] 制定的，该机构是负责提高新加坡幼教服务质量的最高官方机构，新加坡的幼儿教师专业伦理规范主要以美国幼教协会和澳大利亚幼教委员会的伦理规范为参考。[4]

我国台湾地区的幼儿教育改革研究会，于 1998 年组成幼教专业伦理守则拟订小组，开始推动幼教专业伦理守则的制定。经过一年多的意见交流、讨论与修正，小组在 1999 年的年会中提出一

[1] 姬生凯：《NAEYC 幼儿教师伦理操守准则与承诺声明的演进与启示》，硕士学位论文，浙江师范大学，2014。
[2] 索长清、蒋娟、但菲：《澳大利亚幼儿教育伦理规范的特点及其启示》，载《教育探索》，2016（7）。
[3] 曾火城、黄柏叡等：《幼儿教保专业伦理》，3~15 页，台中，华格那企业有限公司，2009。
[4] 曾火城、黄柏叡等：《幼儿教保专业伦理》，3~21 页，台中，华格那企业有限公司，2009。

份草案。2001 年，我国台湾地区幼儿教育改革研究会正式发布《幼儿教育专业伦理守则》。[1]

　　以上内容简单介绍了一些代表性国家和地区制定幼儿教师专业伦理规范的过程，在实践中存在很多专业伦理规范的发展方式。有研究者认为幼儿教师专业伦理的形成是相关教育关系主体利益博弈的过程，是在博弈过程中逐渐走向规范化的阶段。概而言之，幼儿教师专业伦理的形成经历了五个基本步骤。第一，某个人的品质或某些教育家的观点：某个人的品质或某些教育家的学术观点对教师专业伦理的首倡。第二，社会赞许：在社会发展过程中，舆论倾向于赞许符合伦理规范的行为，可以从中凝练出一些具有普遍意义的伦理规范。第三，幼儿教师专业伦理规范的研制：在研制过程中要以共同协商的原则为基础，允许教师本人、同事、家长参与评价过程，要让教师参与并维护其完整性。第四，个人遵守和社会认同：只有教师遵守，幼儿教师专业伦理规范才能起到约束作用，社会认同才能使幼儿教师专业伦理具有社会意义。第五，协商：教师专业协商是必不可少的，主要表现在两个方面，一是教师个体参与到专业群体的伦理规范的磋商过程中，二是教师专业团体代表教师利益与社会各界的协商。[2]

　　此外，有研究者认为幼儿教师专业伦理规范的制定需要经历三个阶段。第一，形成阶段：需要制定者做大量的前期准备工作和资料收集工作，以及实证研究和实地考察，伦理规范不能也不应该仅仅依靠某些学前教育专家人员的讨论就形成草稿。第二，修订阶段：草案上交之后，有关部门应该组成专门的修订小组，使伦理规范能够体现最广大幼儿教师群体、幼儿及其家庭的需要，并且

[1]索长清：《台湾地区幼儿教师专业伦理规范的特点及其启示》，载《早期教育（教科研版）》，2015（1）。
[2]陈连孟：《幼儿教师专业伦理形成研究》，硕士学位论文，西南大学，2013。

得到其认可和采纳。第三，颁布阶段：首先应该公布规范的制定标准，同时再次征询利益相关方的反馈，其次向相关部门提交规范，得到复审与反馈后定稿，最后得到通过，并且在规范颁布之后，制定者还应争取让伦理规范得到法律上的保障和幼儿教师专业组织的维护，使规范具有权威性；因为在伦理规范颁布之后，随着时间的推移和学前教育实际情况的变化，还要对规范进行不断的修订和完善，因此第二阶段和第三阶段是不断循环往复的阶段。[1]

综合国外以及我国台湾地区教师专业伦理规范的制定过程和相关文献，专业伦理的制定纵向上来说大概可以分为两种模式。一种为专业组织主导模式，美国幼教协会幼儿教师专业伦理的制定主体是幼儿教师专业团体，即由幼儿教师发挥主导作用，使制定的教师专业伦理规范更加符合教育教学实际，幼儿教师也更加容易将伦理内化，与具体实践相结合，但是这种模式导致教师专业伦理在制定过程中缺乏政府监管，无法预测其实施效果。另一种为政府主导模式。例如，澳大利亚通过国家教育行政部门的主导以及专家组织的积极参与来制定专业伦理规范，虽然有幼儿教师的参与，但是这种模式却不能使教师充分发挥积极性。从横向上看也可以分为两种模式。一种是由外及内的模式，新加坡以及我国台湾地区在制定教师专业伦理规范时都借鉴了美国等国家的框架与经验，但在积极汲取其他国家的有利经验时可能会忽视本土性。另一种则为内生性模式，即仅仅根据本国的实际情况制定教师专业伦理，却没有看到其他国家在建设过程中的优势。由此看出，幼儿教师专业伦理规范的制定要注重幼儿教师的话语权。此外，还要注重幼教专业组织在幼儿教师专业伦理规范

---

[1] 王小溪：《幼儿园教师专业伦理研究》，博士学位论文，东北师范大学，2013。

制定中的引领作用，引起政府和全行业的关注，最后，在制定过程中还要注意在实证的基础上与行业中各层人员的交流互动，接纳各方的意见。

除了专业组织开发研制幼儿教师专业伦理规范，以及政府主导研究和推行专业伦理规范之外，幼教机构也可根据自己面临的实际问题和需求发展出一套适合自己的专业伦理规范。

第二章　幼儿教师专业伦理规范的内化

　　幼儿教师专业伦理规范是约束幼儿教师行为的规范，督促幼儿教师将伦理规范的概念及意义内化到个人的价值体系中，对自我行为进行约束监督，否则专业伦理规范将只停留在纸面上，无法对教育过程、对教师、对幼儿产生积极的保护作用。探讨制定合理可行的伦理规范只是完成了教师专业伦理规范建设的第一步，更重要的任务是让教师深刻认同专业伦理规范，并将其转化为自己内心强大的信念和行动指南，这是摆在管理者和教师面前的一个艰巨的任务。

● 第一节　内化的心理机制

　　心理学认为内化指外部言语向内部言语转换的过程，是外部的、对象的动作（体力动作）向内部的、心理的动作（智力动作）转换的过程。[1]心理学领域对内化进行过深入论述的主要有皮亚杰和维果茨基。

　　皮亚杰对内化提出了自己的见解。他把儿童的认知发展划分为四个阶段，即感知运动阶段、前运算阶段、具体运算阶段和形式运算阶段。皮亚杰十分强调内化在运算形成中的作用，认为运算就

----

[1]宋书文、孙汝亭、任平安：《心理学词典》，25页，南宁，广西人民出版社，1984。

是动作的内化。[1] 他的同化与顺应就体现了个体内化的心理机制与过程,皮亚杰认为个体接收外部刺激后会通过同化和顺应的方式把认知结果纳入主体的知识体系中,以达到发展中的平衡。同化是指外界信息与个体自我认知结构不符时,个体重新调整图式以符合现有的认知过程;顺应是指认知结构由于同化了外界信息而使自身结构发生相应变化的过程,即接纳和调整认知结构的过程。同化和顺应是同一心理活动的两个方面,它们基本同时发生,在这个过程中内化也得以发生。

维果茨基在分析了智力形成的过程后,提出了内化学说。该学说建立在工具理论(语言)的基础上,他认为幼儿刚出生时不具备语言能力,一切心理机能都是低级的、随意的,只有在日后的人际交往过程中逐渐掌握了语言后,这种低级的心理机能才会转换为高级的心理机能,内化的结果才会变为个体的心理活动。因此,他说过,人的一切高级心理机能都有两次登台机会,第一次它是作为集体的活动、社会的活动,即作为心理的机能登台的;第二次它是作为个人的活动、作为儿童的思维的内部方式、作为内部心理机能登台的。[2] 在内化过程中个体会受到群体对个体的社会预期和角色定位的影响,个体在自我发展过程中若将社会预期与自我实现的需求相结合,个体就会把外界的社会期望内化为自我发展的动力,并积极表现在日后的具体活动中。

严格来说,幼儿教师专业伦理的内化既不完全是皮亚杰所说的同化与顺应,也不完全是维果茨基的低级心理机能向高级心理机能的转化,而是一种行为规范的内化。具体来说,内化指的是幼儿教师接受外在于自己的,由国家、地方或者幼儿园层面制定的专业人员行为规范并转化为教师自身

[1] 朱智贤:《心理学大词典》,451 页,北京,北京师范大学出版社,1989。
[2] 朱智贤:《心理学大词典》,451 页,北京,北京师范大学出版社,1989。

的需要和行为准则，逐渐形成自己的态度和人格的组成部分，在实际教育过程中用这些行为准则来约束和管理自己的行为。这一过程在一定程度上类似于法国著名社会学家涂尔干等人提出的社会意识向个体意识的转化。这种内化涉及幼儿教师对专业伦理规范理念的理解和认同，也涉及幼儿教师对专业伦理规范中具体行为及相关教育情境的理解与认知，还涉及幼儿教师对自身地位、角色、形象等的期望与认知，幼儿教师在理解认知的基础上产生共鸣和认同，并将其纳入自己的信念体系，用来指导和规范自己的教育行为；同时幼儿教师在日常的教育过程中也会通过自己的态度、行为等方式显示出自己内化的内容与内化的深度。

外在于教师的专业伦理规范一旦由教师内化为自身的态度、价值和信念，就会稳定地存在于教师的人格当中，时时刻刻指引教师的行为。按照这些行为规范来工作，幼儿教师就会产生满足感和自豪感，并对自己的职业高度认同；如果教师在教育过程中未能遵守这些规范，幼儿教师则有可能产生负罪感和愧疚感。

● 第二节　幼儿教师专业伦理规范的内化

幼儿教师将外在的专业伦理规范转化为自己内在的信仰以及行动指南。这个过程包含不同的发展阶段，也会受到很多内外因素的影响。

一、内化的阶段

幼儿教师将专业伦理转化为工作信仰。幼儿教师自觉遵守伦理规范，并将其融入日常工作中，随着工作资历的增加，伦理规范就会形成更加坚定的、系统的工作信仰，幼儿教师更能感受到工作的成就和喜悦。

有研究者认为幼儿教师将专业伦理内化为专业信仰需要经历四个阶段。第一个阶段是探索期：幼儿教师初次任教，对工作的预期与现实之间常常会有很大的落差，从而会产生一定的工作挫败感。第二个阶段是浸染期：幼儿教师克服了刚任教时的挫败感，在同事中寻找良好的典范，学习其工作态度和工作技能等，这种良好的职场内的成长、互动，会使新进同人的专业伦理信念获得认同和支持。第三个阶段是矛盾期：工作持续一段时间后，幼儿教师会产生职业倦怠。第四个阶段是豁朗期：幼儿教师对自己的工作生涯进行规划，与同事建立和谐的人际关系，坚定工作信仰。[1]这四个阶段大致描绘了幼儿教师对专业伦理规范的内化所经历的由外而内、不断深化和稳定的过程。

二、影响内化的因素

在幼儿教师内化专业伦理规范的过程中，有很多影响因素。蔡淑桂认为幼儿教师的工作成长历程、对幼儿教师职业的兴趣和信念、工作环境，以及社会大环境的变迁等，都会影响幼儿教师的抉择。[2]陈连孟运用访谈法，以"如何理解教师专业标准的师德维度"对一线幼儿教师进行访谈。陈连孟总结认为影响幼儿教师专业伦理规范内化的因素有教师专业知识技能、幼儿园园所的制度文

[1]蔡淑桂：《幼儿保育专业伦理》，4~21页，台北，永大书局有限公司，2013。
[2]蔡淑桂：《幼儿保育专业伦理》，4页，台北，永大书局有限公司，2013。

化和社会外部压力[1]。汪惠玲、沈佳生采用问卷调查的方法，探讨了幼儿教师的受教育程度、任教年资及是否会修习专业伦理课程等因素对幼儿教师专业伦理实践的影响，结果显示任教年资和是否会修习专业伦理课程与幼儿教师伦理实践之间呈现差异性。[2]此外，徐浩斌认为制约幼儿教师专业伦理规范制定的因素是幼儿教师专业发展政策缺失、幼儿教师工作特征被误读、幼儿教师改制过度市场化、幼儿教师专业话语权被剥夺等。[3]

影响幼儿教师专业伦理落实的因素可分为内部和外部两大因素。因此，幼儿教师专业伦理实践落实的途径也可从专业团体内部的省思和社会外部的支持来考察。从幼儿教师专业团体内部的省思来看，蔡淑桂认为在学期内，幼儿教师可以通过讨论和省思等方式培养自身对专业的认同和喜爱；在行业内部，幼儿教师可以通过良好楷模的影响，来深度内化幼儿教师的专业伦理。[4]邵小佩认为内化的过程离不开幼儿教师职前教育和职后培训的推动，更离不开幼儿教师的职场反思。[5]张地容、杨晓萍也认为一方面各类培训可以提升幼儿教师的专业伦理水平，另一方面幼儿教师可以自我教育、模仿榜样、实践反思，从自身和他人的经验中体悟、总结幼儿园教师专业伦理理念。[6]也有研究者指出，现今教师职前培养体系中没有设置专门的专业伦理课程，职前培养的实践环节中

[1] 陈连孟：《幼儿教师专业伦理形成研究》，硕士学位论文，西南大学，2013。
[2] 汪慧玲、沈佳生：《幼儿教师专业伦理实践之研究》，载《幼儿保育学刊》，2007（5）。
[3] 徐浩斌：《关于幼儿教师专业伦理建设的思考》，载《中国教育学刊》，2012（5）。
[4] 蔡淑桂：《幼儿保育专业伦理》，4~5页，台北，永大书局有限公司，2013。
[5] 邵小佩：《论幼儿教师专业伦理》，载《教育导刊（幼儿教育）》，2009（1）。
[6] 张地容、杨晓萍：《论幼儿园教师专业伦理的实践困境与路径选择》，载《中国教育学刊》，2014（5）。

缺乏对师范生专业伦理意识的培养，这就要求教师职前教育要设置教师专业伦理课程，使其体现教师专业的特殊性与价值负载、做到与生活世界相关联，同时提升专业教学质量，为师范生专业伦理素养的养成提供知识基础。[1] 此外，还有研究者认为在教师职后培训中专业伦理也没有得到足够的重视，职后培训除了可运用传统的学科教育或开办讲座的方式开展专业伦理的教育外，案例教学也是一种重要方式。[2] 从社会外部的支持来看，蔡淑桂认为可以通过政府或组织的政策、团体的奖励制度、同事和朋友的帮助等方式帮助幼儿教师内化专业伦理。[3] 有研究者认为应创建富有生命价值的专业伦理，建立与幼儿教师专业伦理相对应的保障制度，将专业与服务理念寓于幼儿教师的专业伦理教育中，提升幼儿教师专业团体的自治能力，建设富有人文关怀的园所环境，并规范大众媒体的舆论报道。[4]

综上，将幼儿教师专业伦理内化和践行的影响因素及支持途径总结如表 2-1 所示。

表 2-1　幼儿教师专业伦理内化和践行的影响因素及支持途径

影响因素	
内部因素	个体认知（对幼教专业的兴趣与信念、品质、价值观等）
	工作历程（任教年资）
	是否会修习专业伦理课程

［1］牛利华：《教师职前培养中专业伦理教育的缺失与对策》，载《教育发展研究》，2008（24）。
［2］毛菊：《教师职后培养中专业伦理教育的缺失及对策》，载《集美大学学报（教育科学版）》，2009（4）。
［3］蔡淑桂：《幼儿保育专业伦理》，4~7页，台北，永大书局有限公司，2013。
［4］邓亚玲、阳泽：《论幼儿教师专业伦理的重塑》，载《教育探索》，2015（8）。

续表

影响因素	
外部因素	社会环境（政府政策、社会竞争压力等）
	专业环境（专业地位、同事关系、工资待遇、园所制度文化等）
	个人环境（家庭成员的支持等）
支持途径	
专业团体内部的省思	职前培养
	职后培训
	实践反思
社会外部的支持	制度政策保障 （提高幼儿教师的社会地位以及工作待遇、完善职业准入制度、建立专业化的幼儿教师专业伦理规范等）
	营造良好的园所文化制度（管理机制、奖励制度、监督机制等）

幼儿教师专业伦理实践的落实包括两个方面：一方面是形成外在的行为规范；另一方面是内化为幼儿教师的专业信仰。一名专业的幼儿教师应当具有专业伦理的基本素养，自觉遵守专业伦理规范，将专业伦理规范内化为专业信仰。幼儿教师专业伦理的内化需要一个过程，并且受到个人内部和社会外部两大因素的影响。因此，幼儿教师专业伦理的实践不仅需要专业团队内部的自我反思，而且需要外部力量的支持和推动。

教师专业伦理规范是教师将自身内在的价值判断外显为具体行动的过程，幼儿教师专业伦理规范是对幼儿教师的教育教学行为进行约束和规范的内容。当然，随着幼儿教师职业的进一步专业化，幼儿教师专业伦理规范也会随之发生改变。幼儿教师自身的价值观会随着时代的变革和社会需求而发展变化，幼儿教师根据价值判断表现出来的伦理行为也会相应发生变化。幼儿教师专业伦理规范具有动态特征，因此需要不断对其进行修正和补充。

为了适应社会需求的变化和幼教职业的不断发展，需要不断修正和更新幼儿教师专业伦理规范的内容。首先，幼儿教师专业伦理规范的修订应遵循历史和现实相统一的原则，一方面要坚持幼儿教师专业伦理规范的核心，另一方面要结合当今社会及教育发展的现状制定符合时宜的伦理规范。其次，在国际化浪潮的推动下，教育也呈现出多元化趋势，每个国家、每个地区的实际状况不同，因此，应结合多元文化、从本土化的角度诠释幼儿教师专业伦理规范，一方面要借鉴其他国家和地区优秀的经验，另一方面也要结合本国、本地区的实际情况，对其他国家和地区的优秀经验进行创新，发展出适合本国、本地区的幼儿教师专业伦理规范。最后，幼儿教师专业伦理的制定是一个不断改进的过程，在幼儿教师专业伦理规范制定与实施的过程中仍然需要一线教师的反馈，并不断对其进行修正改进。我国在此领域尚有许多不足，仍需进一步探讨和研究。

第三章　幼儿教师专业伦理规范的重新建构

　　从起因来看，各国推出幼儿教师专业伦理规范的目的是确保幼儿教师行为的"正确性""伦理性"，确保其为善的教育。美国幼教协会率先在全世界推出幼儿教师专业伦理规范，跟进的国家中，有的采用自上而下的思路，有的采用自下而上的思路，也有的采取两者综合的思路建构幼儿教师专业伦理规范。本书涉及的幼儿教师专业伦理规范的建构，充分汲取了既往的有益探索和经验，同时也强调从中国幼儿教师职业所处的独特文化历史以及现实境遇出发，采取自上而下和自下而上并进的建构策略。

● 第一节　理念基础

　　在建构过程中，坚持幼儿教育领域主流的价值观念，从儿童中心的理念出发，本着关怀儿童、关怀教师的精神建构专业伦理规范。

一、儿童中心的理念

　　儿童中心论是杜威思想的一个重要方面，是杜威在批判传统教育的基础上提出的教育观。杜威认为，教育应重视儿童期，儿童期是教育的出发点，应该尊重儿童的天性和兴趣。杜威认为儿童是教育的出发点和中心，教育要尊重儿童的本能和天性，教学活动设计应关注儿童的需要。教师应该树立正确的学生观，正视儿童期。教师应意识到儿童不同于成人，儿童有其独特的生理和心理特点，有其独特的意义和价值，绝不能以成人的标准来抹杀儿童的尊严。[1]

学前教育是所有教育的基础。幼儿阶段是人生发展的重要基础阶段，这一阶段的发展很容易受到内外各种因素的影响。为了保证幼儿的发展，并为将来的发展打下坚实的基础，幼儿阶段的教育必须紧紧围绕儿童来展开，一切以促进幼儿的发展、保障其各项基本权利为要旨。

本书涉及的幼儿教师专业伦理规范的建构坚持以儿童为中心的理念，在具体的建构过程中，该理念占据中心地位，影响整个专业伦理规范的建构，伦理规范的起草、修订都必须首先充分尊重儿童的人格以及各项权利，并以此来衡量、检验伦理规范的内容。

二、关怀教师的理念

学者纪大海在《论教师政策的人性观照》中进一步从人性关照方面提出政策关怀，强调对教师的人性关照，既要有利益的关照，又要有发展的关照，还要有心灵的关照。许序修老师在《校长要多给教师一些人文关怀》中认为，校长应该尊重教师的人格，要多给教师一些人文关怀。校长对教师的人文关怀，是教师得到关爱的直接来源，会使教师直接感受到温暖与支持。[2]

幼儿教师是一个非常复杂的职业，涉及多层面、多维度。我国幼儿教师职业具有劳动难度大、

[1] 王玉婷：《对教育中儿童的再认识—基于杜威"儿童中心论"的视角》，载《现代教育科学》，2017（3）。
[2] 杨明：《论人文关怀与教师发展》，硕士学位论文，沈阳师范大学，2016。

劳动时间长、情绪负荷重等特点，而这些特点都预示着幼儿教师除了需要得到尊重、理解、信任之外，更需要得到深层次的心灵关怀。

马斯洛提出人的需求依其发展顺序与层次高低分为五个层次，由下至上分别为生理的需要、安全的需要、归属和爱的需要、尊重的需要和自我实现的需要。当低层次的需要得到满足以后，才会进一步满足高层次的需要。因此，幼儿园对教师的人文关怀也应顺应这一规律，提供一个满足教师群体需求的空间。[1]

本次幼儿教师专业伦理规范的建构始终贯穿着这一核心理念——关怀教师[2]，也就是说，幼儿教师专业伦理规范，不能从"管住"或者"强迫"等角度来思考和建构，不能给教师增加心理压力和负担，而要让教师体会每条专业伦理规范都是对教师日常教学行为的规范，同时也是最大限度地解放教师，从而保证教师的各项基本权利不受侵犯。

● 第二节　幼儿教师专业伦理规范的内容框架

本次建构的内容框架借鉴了美国幼教协会的专业伦理规范的内容架构，之所以选择美国幼教协会的框架，是因为该框架简明扼要，同时也涵盖了幼儿园教育涉及的几对主要伦理关系，同时该框架也有较强的开放性。[3]

[1] 黄中月：《校园文化视野下幼儿园教师的人文关怀》，载《中国教育学刊》，2013（S3）。
[2] 陈蓉晖、于小清、夏晶伊：《幼儿园教师关怀的现实样态与发展策略》，载《学前教育研究》，2015（4）。
[3] 王小溪、姚伟：《美国幼儿园教师专业伦理规范的制定及其启示》，载《学前教育研究》，2013（4）。

本次建构并没有完全套用美国幼教协会的架构，也没有将每对伦理关系分为理念和原则两个部分，而是结合当前幼儿教师面临的实际情况，即我国关于幼儿教师职业以及幼儿教育的法律体系，缺乏儿童保护方面的法律体系的观念，为此建构内容架构时，有意识地将伦理规范与相关法律衔接，与此同时也给出了更为理想的教师行为，在区分教师的专业行为与非专业行为的同时，也给出教师今后的努力方向与理想行为，为此，本次建构的内容架构如下。

A. 教师对幼儿的专业伦理规范

    倡导的专业行为

    必须做到的专业行为

    坚决禁止的非专业行为

B. 教师对家长的专业伦理规范

    倡导的专业行为

    必须做到的专业行为

    坚决禁止的非专业行为

C. 教师对同事的专业伦理规范

    倡导的专业行为

    必须做到的专业行为

    坚决禁止的非专业行为

D. 教师对管理者的专业伦理规范

倡导的专业行为

必须做到的专业行为

坚决禁止的非专业行为

E. 管理者对部属的专业伦理规范

倡导的专业行为

必须做到的专业行为

坚决禁止的非专业行为

倡导的专业行为指的是就当前绝大多数幼儿教师的专业水平和专业能力所提倡的专业行为，这类行为并不是针对所有幼儿教师的伦理规范，是未来幼儿教师专业发展的方向。结合当前我国大多数幼儿教师初始学历很低、幼儿园班额较大、幼儿教师专业水平还有很大提升空间的现实，本次建构的专业伦理规范的内容主要有基于观察丰富课程内容、设计个性化教育方案、目前绝大多数幼儿教师还不具备的专业能力，倡导的幼儿教师专业行为等。

必须做到的专业行为主要指的是符合现有法律制度、主流教育观念、价值观、社会规则的行为，具体包括尊重幼儿的各项权利，保障幼儿的身心健康，关心幼儿的发展，有效促进幼儿发展的各类行为。

其中，坚决禁止的非专业行为指的是那些已经触犯法律的、直接或间接危害幼儿身体和心理的行为，主要包括身体伤害、体罚、虐待（包括使用移动智能设备虐待）、辱骂、泄露幼儿隐私等行为，以及在幼儿园日常工作中出现的有悖于同事之间、教师与家长之间伦理关系的，不利于幼儿园发展、有损幼儿教育行业形象的行为。这些行为不是专业人员应该做出的行为，必须禁止或者需要相关法律来调节和处理这些行为，这些行为在现实中常被媒体曝光，可见有将其单独列出并加以防范的必要。

● 第三节 幼儿园层面建构专业伦理规范的步骤

本次专业伦理规范的建构，采用了自上而下和自下而上相结合的策略，避免了单一策略可能带来的弊端，从而确保能建构出兼具合理性和可操作性的专业伦理规范。

第一步，起草框架。负责起草专业伦理内容框架的成员主要由来自高校的专业研究者和资深实践专家构成，他们在查阅近年来幼儿教师专业伦理规范研究论文的同时，分析借鉴了美国、澳大利亚、新加坡，以及我国台湾地区的幼儿教师专业伦理规范的文本内容，在充分考虑我国学前教育发展实际水准和巴蜀幼儿园自身发展状况的同时，形成并提出了具有可操作性的内容架构。

第二步，专业伦理规范条目的拟定。在完成内容框架的建构后，我们选择了多个年龄段、处于不同专业发展阶段的教师作为具体内容建构的主体成员，涵盖了新教师（工作两年以内）、有经验的教师（工作五至十年），以及市级骨干教师。这样保证了参与建构的教师的代表性，参与建构的教师在既定内容框架下采用头脑风暴的方式，尽可能多地列举每个阶段可能对应的具体教育行为，并附上与之对应的来自教育实践的例子加以佐证。

在教师集体完成具体伦理规范条目的列举后，主持内容建构的核心专家对其进行梳理，合并、删除了某些不合理的内容，增加了教师忽略的一些条目，从而完成了文本内容的动态建构。

第三步，广泛征求各方意见。当幼儿教师专业伦理规范的具体内容建构完成之后，为了确保它的专业性和可行性，我们又在更大的范围内征求了相关幼儿教育专家、省（市）级教研员，以及其他幼儿园资深教师的意见，借用德尔菲法，让他们对该规范提出修改意见，并给出自己选择修改的具体理由。在收到外部专家与幼儿园内部资深教师的意见反馈之后，我们组织人员对这些意见进行了分类整理，外部专家对整个专业伦理的核心观念和内容架构提出了宝贵的建议，并对部分文本的伦理规范条目进行了增删和润饰，至此，幼儿教师专业伦理规范的建构便初步完成。

第四步，设计与专业伦理配套的革新行动。幼儿教师专业规范建构出来之后，管理者必须思考和应对的一个重要问题就是如何有效引导，帮助教师将其内化，并能在教育情境中按照伦理规范的要求完成工作。一个文本性的伦理规范外在于教师的心灵，游离于整个幼儿园管理体系之外，并不能给教师、幼儿和幼儿园的发展带来任何实质性的好处。为此，管理者必须变革幼儿园的制度、组织和文化等，教师才能将伦理规范内化并付诸实践。此时，管理者可能需要检验自己的管理理念，在守住幼儿教师职业行为底线的同时，杜绝理论架构和制度的阶层化、官僚化的倾向，充分信任教师，赋予教师参与管理和专业发展的权利，以激发教师的创新性和发展潜能，采用多种策略帮助教师将专业伦理规范作为自身的职业信仰与信念，将其内化为自己日常行为的最高指南，真正保证专业伦理规范发挥效用。

回顾整个幼儿教师伦理规范的建构过程，我们结合了自上而下和自下而上的思路，历经了文献阅读—构架内容框架—文本起草—征求意见—内化落实等一系列步骤，在努力结合自身实际，在解决教师专业发展中遇到的重大问题的基础上做出创新的同时，最后将焦点聚焦在文本的专业伦理规范、教师的内化、在教育实践中得以体现上。我们的教育是真正的善的教育，是保护幼儿和为了幼儿的教育。

第四章　巴蜀幼儿园教师专业伦理规范及其解读

巴蜀幼儿园的教师专业伦理规范的整体架构部分借鉴了美国幼教协会的架构和内容，同时也根据中国的实际进行了调整和创新，整个专业伦理由教师对幼儿、教师对同事、教师对家长、教师对管理者、管理者对部属五个方面构成，每个维度下的结构也有创新。除了前述将每个方面的专业伦理规范分为倡导的专业行为、必须做到的专业行为和坚决禁止的专业行为外，还针对每个具体的条目给出了更为细致、更具有操作性的释义，以便于教师理解和落实该条目。

● 第一节　教师对幼儿的专业伦理规范

一、教师对幼儿的专业伦理规范条目

教师对幼儿的专业伦理规范是指教师基于对幼儿发展的认知以及幼儿教育中的共同价值观，而提出的教师对待幼儿的专业行为规范，其功能在于帮助每位幼教工作者关注并发现日常保教、教育教学中教师的行为适当与否。

（一）倡导的专业行为

①持续学习和更新自己关于幼儿发展的知识，尤其是关于幼儿创造性发展的知识。

②运用标准的普通话、科学规范的教学语言进行教学。

③观察分析幼儿个体的行为，基于观察来教学。

④尊重幼儿的个体差异，尽可能分组教学和为幼儿制订个别化的学习方案。

⑤无差别和公正地对待每个幼儿，不因幼儿的外貌、家庭情况等产生偏爱或者歧视。

⑥以身作则，重视自身的榜样示范作用。

⑦给予有特殊需求的幼儿符合其需要的照顾和教育。

（二）必须做到的专业行为

①创设安全卫生的学习环境、民主自由的学习氛围。

②与家长或者监护人一起帮助幼儿完成从家庭向幼儿园、从幼儿园向小学的过渡。

③为幼儿提供参与班级管理的机会。

④保障幼儿的游戏权利。

⑤教师做出的任何决定、行为，以及说出的言语都不得伤害幼儿的心理和身体。

⑥面对幼儿时，要保持积极稳定的情绪状态。

⑦发现幼儿遭受虐待或者有其他异常行为时，要及时向幼儿园报告。

⑧保护幼儿的隐私（疾病、家庭文化背景、宗教信仰等），不随意打探和传播。

⑨采用家园合作的方式为每个幼儿建立学习档案。

⑩关注幼儿的心理健康，尽可能让其保持积极的情绪状态。

⑪发现幼儿心理或身体有明显变化时，及时告知家长。

⑫幼儿在幼儿园发生意外时，教师必须按照幼儿园规定的程序处理，并保存好处理过程的资料。

⑬自己遭遇重大挫折或者情绪波动时，必须告知幼儿园。

（三）坚决禁止的非专业行为

①欺骗和恐吓幼儿，用语言误导幼儿。

②无准备地组织教学活动。

③体罚和变相体罚幼儿。

④戏弄、嘲笑幼儿。

⑤言语辱骂和羞辱幼儿。

⑥带着负面情绪对待幼儿。

⑦负面定性评价幼儿。

⑧解决幼儿冲突或者其他突发情况时，教师带着情绪。

⑨歧视及区别对待幼儿。

⑩与幼儿互动时，使用移动终端处理个人事务。

⑪穿戴可能伤害幼儿的服饰、鞋子等。

⑫未征得幼儿家长的书面同意，私自将幼儿的信息或作品发布到社交平台上。

二、教师对幼儿的专业伦理规范解读及案例

（一）倡导的专业行为

①持续学习和更新自己关于幼儿发展的知识，尤其是关于幼儿创造性发展的知识。

释义：教师通过自主学习或者参加各类专业培训，获得最新的、权威可靠的幼儿发展方面的专业知识，不断更新自己的知识结构。幼儿发展知识包括幼儿在运动、认知、社会性、情感等方面的专业知识。为了更好地落实巴蜀幼儿园的办园理念，教师需要更加关注幼儿在创造性发展方面的专业知识。

案例：林老师在舞蹈教学方面有多年的研究经验，形成了自己的教学风格。在一次舞蹈教学活动中，她发现幼儿的表演动作完成得很好，但是缺少支持幼儿个性化表达的教学引导。于是，她潜心研读《幼儿创造性发展的教师支持策略》（北京师范大学出版社，2013年1月出版）一书，了解了在艺术领域活动中，幼儿的个性和创造性的表达非常重要，舞蹈活动应尊重儿童创造性发展的内在规律，为幼儿提供充足的自在创造、自信表达的机会。基于专业知识的学习，林老师将关注点从"单纯的舞蹈教学"扩展到"支持幼儿的舞蹈动作创编及创造性思维发展"。经过三年持续的专业学习和教学实践，林老师总结了在幼儿创造性舞蹈中肢体动作的发展阶段与水平特征，研究成果得到了同行的一致认可。

②运用标准的普通话、科学规范的教学语言进行教学。

释义：教师日常与幼儿、家长、同事和管理者互动的时候，必须使用标准的普通话，尤其是

在与幼儿互动的时候，必须使用简练、准确且能被幼儿理解的语言。

案例：在一次科学活动中，实习老师带领班级的幼儿一起探索什么形状的积木可以滚动。活动中，实习老师说："小朋友们，你们想一哈，哪些东西可以滚起来，哪些东西滚不起来。"在与幼儿的互动中，实习老师不时地夹杂着方言。活动后，李老师提示实习老师说："在教学活动组织中，教师应该用标准的普通话与幼儿进行对话，用科学规范的语言组织教学活动，不管是提问还是回答都应该准确、清晰。"

③观察分析幼儿个体的行为，基于观察来教学。

释义：教师在日常教学各环节中，对幼儿个体的某个行为进行持续的观察记录，在充分理解和分析幼儿行为的基础上，制订个性化的学习方案，对幼儿进行个别化的引导。

案例：在一次活动区活动中，东东来到了益智角，他拿出了蘑菇钉，准备将"小蘑菇"插在操作板上，东东尝试了好几次也没有成功。过了几天，在科学活动"瓶子会唱歌"中，老师请幼儿将黄豆放进矿泉水瓶中，尝试制作小沙锤。东东左手拿着瓶子，右手抓取了一把黄豆，最终也没能将豆子成功地放入瓶中。通过对几次活动的观察，刘老师对东东的情况进行了分析：处于小班阶段的东东，手眼协调能力、小手精细动作的发展水平比较低，需要借助游戏活动不断练习。于是针对东东的具体情况，刘老师制订了一系列游戏活动方案，促进其能力的发展。在之后的活动中，刘老师特意为东东提供了穿串珠的游戏材料。刘老师首先向东东提供了洞眼较大的木珠，请东东尝试完成穿木珠的游戏，在观察到他已经基本掌握了穿木珠的要领后，刘老师又有意提高难度给东东提供了更多洞眼大小不一的穿珠玩具，鼓励东东反复练习多次尝试。同时，刘老师坚持运用拍照片、文字记录等方式记录东东的活动过程，形成观察记录。通过这样的个别化游戏指导，东东很快就能熟练地穿串珠、夹珠子、穿线板了，动作的灵活性和手眼协调能力得到了有效提升。

④尊重幼儿的个体差异，尽可能分组教学和为幼儿制订个别化的学习方案。

释义：幼儿的差异表现在诸多方面，如生理差异、性别差异、学习发展速度上的差异、优势发展领域上的差异、宗教信仰方面的差异等。教师在教学的时候，要承认和正视幼儿之间的个体差异，基于个体差异制订适合幼儿的学习方案。

案例：开学初，王老师根据中班幼儿数学学习与发展的核心经验及班级幼儿的兴趣点，预设了数学领域主题课程"图形王国"。在开展了前期活动后，班级老师对幼儿关于图形的能力水平有了一定了解。为了满足不同能力水平幼儿的学习需求，班级老师决定采用分组教学的方式，设计了不同难易层次的两组活动内容，以促进幼儿关于图形的核心经验的学习和发展。王老师带领一组幼儿从图形的识别进行探究，逐步过渡至图形的守恒和分解组合，而李老师带领另一组幼儿直接从图形的分解、组合开始探究。为了保证每个幼儿都能在图形活动中获得较好的发展，两位老师还将精心制作的便于幼儿自主操作的各类图形卡片投放于活动区中，并在小组活动后深入到活动区游戏中细致地观察、分析每个幼儿的操作过程和探索发现。

⑤无差别和公正地对待每个幼儿，不因幼儿的外貌、家庭情况等产生偏爱或者歧视。

释义：教师在与班级每个幼儿互动的过程中，能用同样的情绪、态度和投入程度对待每个幼儿，不因幼儿的长相、体态、言行、家庭情况、文化习俗等区别对待幼儿，不能用言语或者行为来表示出对幼儿的歧视或者偏爱。

案例：佳佳来自单亲家庭，性格比较内向，平时很少说话，游戏中也总是独自玩耍，即便小朋友或者老师热情地与她互动，她脸上也很少有笑容。李老师是班级的新老师，几次主动与佳佳交流，都没有得到她的回应，渐渐地，李老师不再关注佳佳。在活动区游戏时，看到佳佳在益智角玩，李老师便刻意离开去其他区角热情地指导小朋友；餐后游戏中，李老师请幼儿自主选择餐后玩具，轮到佳佳时，李老师随手拿起身后的画板对佳佳说："反正你不喜欢跟小朋友玩，你就玩这个吧！"午睡起床后，女孩儿们排队等待老师梳头，轮到佳佳时，李老师有些不耐烦地对佳佳说："你让妈妈给你把头发剪了吧，梳起来太麻烦了！"主班老师发现这一情况后，非常严肃地与李老师进行了交流说："作为教师，我们应该以接纳的心态公平公正地对待每个幼儿，不能因为他们的性格、言行或者我们自己的好恶而区别对待。佳佳在离异家庭中长大，缺少来自父母的关爱，心理需要长时间得不到满足，才导致了不爱说话、性格孤僻。在班级，她需要同伴关爱，更需要老师带给她温暖与鼓励，而你对她的态度、行为会让这个敏感的孩子认为自己不被接纳，甚至是被排斥的，这会让她更加不愿意与人交往。你这样做是有悖于幼儿教师专业要求的，是非常不正确的！"经过交流，李老师逐渐意识到自己之前的行为确实欠妥，表示自己将及时改正。

⑥以身作则，重视自身的榜样示范作用。

释义：教师在衣着、言语、行为、自身学习等方面都要表现出积极向上的倾向，为幼儿示范符合社会规范和期望的社会行为、态度、学习行为、归因倾向和思维方式等。

案例：教学活动结束后，幼儿在老师的组织下有序地选择了活动区，有的去了图书角，有的去了小舞台，还有的在画画。可是，不一会儿，何老师就发现图书角一旁的地上零乱地放着几本图书，有好几个小朋友从旁边走过时，都只是瞅了一眼，就从图书旁边侧身绕过。何老师走过去，捡起一本图书放回书架。何老师一边捡一边说道："图书是我的好朋友，可不能把它们弄坏了，应该把它们送回自己的家。"这时，一直在图书角看书的涵涵走到老师身边，对何老师说："何老师，我和你一起捡吧！"说完，涵涵就和何老师一起把图书一本一本送回了书架。

⑦给予有特殊需求的幼儿符合其需要的照顾和教育。

释义：教师要对班上在身体、心理、生活习惯、文化传统、宗教信仰以及生病等方面需要特殊关注和帮助的幼儿给予力所能及的照顾。

案例：在入园前的幼儿情况调查中，陈老师了解到中二班的彤彤对蛋白质过敏，便立即向医务室汇报了相关情况。保健医生建议彤彤家长带彤彤到医院对过敏原进行确诊，并向幼儿园提交过敏原说明，以便于幼儿园全面了解彤彤的具体需求。为了保证彤彤的健康，保健医生根据彤彤妈妈提供的过敏原说明，为彤彤单独设计了食谱。每当幼儿园食谱中有可能引发彤彤过敏的食物时，食堂就会根据保健医生的建议，为彤彤提供营养丰富的代餐。班级老师还专门对彤彤的进餐情况做了记录，登记代餐的情况，以便于家长了解。

（二）必须做到的专业行为

①创设安全卫生的学习环境、民主自由的学习氛围。

释义：教师为幼儿规划设计的室内外学习环境，从物质层面来看，要符合国家和幼儿园的卫生标准，在噪声、卫生等方面要达标，有充足的活动空间，没有安全隐患；从心理层面来看，学习环境的心理气氛应是适合师幼平等对话的民主开放的气氛，鼓励每个人表达自己，尊重倾听每个人的意见和建议。

案例：每天，中二班的保育老师张老师都会对班级环境进行清洁与消毒。今天是星期二，依照日常消毒安排，张老师应该打扫美工角、建构角与阅读角。在打扫美工角的过程中，她在地上捡到了几个从墙面上脱落的工字钉。这些工字钉是班级老师用来张贴照片、呈现幼儿作品的，但时间一长就会松动、脱落，存在安全隐患。张老师随即与主班老师进行了沟通。下午放学后，主班老师召集班级老师召开了碰头会，强调："安全无小事，我们必须为幼儿提供安全、健康、卫生的学习环境。张老师检查得很仔细，值得我们每个人学习！"随后，班级教师通过商量，决定使用双面胶、透明胶这类不易伤害幼儿的粘贴工具。同时，班级教师围绕"班级如何为幼儿创设安全卫生的学习环境"这一主题进行了深入探讨，并严格按照幼儿园安全检查标准，对班级物资、环境进行了安全隐患的排查。

②与家长或者监护人一起帮助幼儿完成从家庭向幼儿园、从幼儿园向小学的过渡。

释义：教师确认家长是幼儿的第一教育者和责任人，协助和引导家长帮助刚入园的幼儿尽快适应集体生活，与家长一起帮助即将入学的幼儿重点在生活习惯、学习品质、思维品质等方面做好入学准备。

案例：小班的天天入园三个多月了，可每天家长离开后他都哭得很伤心，其分离焦虑始终未得到解决。安安老师注意到天天的情况，从学期初就和天天家长保持密切交流，对 0~3 岁的天天的带养情况、亲子关系、生活习惯、情绪状态、健康状况等方面进行了详细了解。安安老师得知天天妈妈工作繁忙，长期在外出差，几乎没有时间顾及天天的生活和学习。安安老师针对此情况与天天妈妈进行电话沟通，翔实地介绍了天天在园的情况说："入园以来，天天的入园焦虑未得到缓解，在园活动时他也时常哭闹着找妈妈。对于初入幼儿园的小朋友来说，他们要适应新环境，及时的情绪疏导和安全感建立很重要。在这段特殊时期，家庭的关注与支持更加关键。家长给予孩子充分的关注和关爱，才能够更好帮助他度过入园焦虑期。作为第一教育者和责任人，家长应引起重视，多陪伴天天。"天天妈妈感到很愧疚，在多次交流后，天天妈妈调整了自己的工作节奏，坚持亲自接送孩子，周末带孩子外出游玩、与孩子一起阅读、陪伴孩子入睡……慢慢地，天天的入园焦虑问题得到了解决。

③为幼儿提供参与班级管理的机会。

释义：在班级管理中，教师要用民主开放的方式，充分尊重幼儿的参与权，释放幼儿的潜能和积极性，减少对班级事务和对幼儿行为的控制，尽可能让幼儿参与到学习环境的规划、学习活动的发起、学习内容的选择和学习方式的确定中来。在班级重大事项决策中，教师应充分听取幼儿的意见和建议，尽量让幼儿自己做决定。

案例：新学期，活动区创设马上就要开始了，大一班的幼儿对新的活动区游戏充满了期待。为了让幼儿的想法融入活动区的创设中，丹丹老师精心设计了一次谈话活动，收集幼儿对活动区创设的想法。班级幼儿借助绘画的方式，将自己喜欢的活动区描绘了出来：甜甜想玩瓶子探秘区，乐乐想玩科学益智区……谈话活动后，丹丹老师与班级其他老师一起仔细分析了幼儿的兴趣点，并结合班级正在开展的"奇妙的瓶子"主题活动，确立了六个新活动区。

在接下来的活动中，丹丹老师和幼儿一同探讨活动区需要哪些材料、可以玩什么游戏。在丹丹老师的鼓励下，幼儿连续两周自主寻找材料，设计制作。一个月之后，大一班的活动区创设完成，豆豆又提出了自己的想法，说："老师，我们的活动区里还需要制定游戏规则。"老师追问其他幼儿："你们觉得呢？"幼儿纷纷表示赞同。于是，幼儿通过分组讨论、共同商定的方式确定了每个区角的规则。

④保障幼儿的游戏权利。

释义：教师承认游戏权是儿童的基本权利之一，在一日教育活动中，给予幼儿充足的自由游戏时间，每天自由游戏的时间不少于一小时（不包括户外活动）；同时尽可能让幼儿接触和玩不同类型的游戏，如建构游戏、体能游戏等。

案例：近一个月的时间，中四班一直围绕"绳子"这一主题开展活动。年级组长李老师在查阅备课时发现，中四班第一周的周计划表中，数学和科学活动的比例达到了80%，而其他领域的活动设计较少。第二周的周计划表中，班级只预设了两个语言游戏活动，两个数学游戏活动。李老师认为中四班的备课存在着领域不均衡、活动类型不丰富的问题。在每周一次的班长例会中，李老师强调："在把握幼儿发展核心经验的同时，我们要将思路巧妙地转化为具有关联性的游戏活动，以丰富的活动形式、开放的活动材料为幼儿提供最直接、有效的支持，充分保证幼儿游戏的权利。"主班老师会后及时召开班级课程研讨会，对班级的课程安排进行了调整。

⑤教师做出的任何决定、行为，以及说出的言语都不得伤害幼儿的心理和身体。

释义：教师在一日教学过程中，要时刻注意自己的言行举止是否对某个或者某些幼儿的情绪、自我意识、行为等产生了消极的暗示或者影响。

案例：在一次美术活动中，胡老师指导幼儿进行创意绘画鞋子城堡。绘画完成后，胡老师对班级幼儿的作品进行了分类，准备将三幅她认为不太有创意、形象模糊、颜色暗淡的作品交还给幼儿，让他们带回家，而其他作品则张贴在主题墙上供大家欣赏。班长知道后立刻制止了胡老师的行为，说："我们将作品展示在主题墙上是为了展示幼儿的学习过程，支持他们开展同伴交流，并便于家长依托作品与幼儿进行分享互动。幼儿欣赏作品时，不仅能看到自己的作品，而且能欣赏到同伴的作品，这其实也是一种同伴学习。教师对幼儿的作品进行好与不好的分类，不仅不能帮助幼儿提高绘画技巧，而且还有可能打击他们的创作热情，导致他们以后不愿绘画、不敢作画。"胡老师意识到自己做法的不妥，便改用幼儿互评的方式，引导幼儿发现每幅作品的创意与亮点，并请他们通过组合、再创造的方式将作品自主张贴在了主题墙上。

⑥面对幼儿时，要保持积极稳定的情绪状态。

释义：教师在面对幼儿或者与幼儿互动的过程中，始终保持中性或者积极的情绪状态。教师参与幼儿游戏时假装的情绪不在此要求之列。

案例：刚刚结束产假回到幼儿园的青青老师白天上班，晚上照顾孩子，很辛苦。最近孩子生病了，青青老师好几天没有好好休息。早上做早操时，班上的一对双胞胎兄弟推挤打闹，青青老师几次劝导，这对双胞胎兄弟仍然打闹，弟弟委屈地大哭起来。青青老师见此情况十分生气，近日的疲惫和负面情绪一瞬间爆发出来了，在批评哥哥不应该动手打人的同时，对弟弟大声呵斥："哭什么哭！不准哭！"听到老师这句话，弟弟哭得更加厉害了。班级李老师刚好从活动场地路过，见状赶紧将两个幼儿带回了教室。青青老师很快冷静下来，意识到作为教师，自己必须控制好自己的情绪，批评、吼叫等行为对于解决问题并无益处，消极情绪的卷入更不利于教育的开展。回到班级后，青青老师耐心地安慰弟弟并询问事情发生的经过，最终调节了两兄弟的矛盾。

⑦发现幼儿遭受虐待或者有其他异常行为时，要及时向幼儿园报告。

释义：教师在与幼儿接触时，发现幼儿入园时身上有伤痕、或者情绪持续低落、时常处于恐惧情绪状态、不愿意参与游戏和学习活动，或者对某些人表现出惧怕等情况时，能敏锐地觉察到这可能是幼儿受到虐待或者受到伤害的征兆，必须及时报告给幼儿园的主管领导。

案例：午睡时，值班的玲玲老师正在为幼儿盖被子时，不经意间发现小宝两条大腿的根部都有淤青，而且看起来很像外力所致。玲玲老师及时询问了小宝伤痕的来源，据小宝反馈，腿部的伤是在家里被外婆打的。玲玲老师仔细询问了小宝被打的原因与过程，虽然他不太愿意描述事件的经过，但细心的玲玲老师还是翔实地记录下了自己与小宝的对话，并通过班级例会向主班老师进行了汇报。主班老师就小宝的情况上报幼儿园行政部门，征询意见后，通过个别约谈的方式与家长进行了正式沟通。

⑧保护幼儿的隐私（疾病、家庭文化背景、宗教信仰等），不随意打探和传播。

释义：教师未经家长和幼儿园的同意与授权，不得打听收集幼儿的个人信息，不得将幼儿的个人信息，如姓名、年龄、性别、父母职业、身体状况、家庭情况等信息告知其他人，不得发布到社交媒体上，不得透露给商业机构。

案例：根据幼儿园的要求，家长要在幼儿入园时登记一些与幼儿、家庭相关的个人信息，其中包括幼儿的出生年月、家庭住址、家长工作单位、联系信息、家长银行卡号等涉及个人隐私的信息。入园后，与幼儿相关的各种信息都保存在幼儿园园务部，其他需要查阅相关信息的人员必须在授权的情况下才准予查阅。园务部张老师最近认识了几位从事信贷业务的朋友，一来二往，几位朋友对张老师的工作单位、工作性质都有了一定了解。一位朋友怂恿张老师，说："透露一些你们幼儿园小朋友家长的信息给我吧，我会'特别'感谢你的，你不用担心，就给我一些家长的电话号码就行了，我给他们推送一些好的产品，不会影响到你的工作的。"听了朋友的想法，张老师断然拒绝并严肃告诉他们："你们说的那些信息，包括家长的电话号码，都是幼儿的个人隐私，我是不可能透露的！"后来，张老师坚持原则的做法也得到了几位朋友的理解。

⑨采用家园合作的方式为每个幼儿建立学习档案。

释义：教师和家长围绕幼儿的发展共同收集和确定幼儿学习和发展的信息，共同协商，为幼儿设计独一无二的学习档案，记录和反映幼儿成长的轨迹。

刚入园，家长对孩子在园的生活情况都非常关注，每天放学都有不少家长围着老师问："今天宝宝在幼儿园睡觉怎么样？有没有哭？有没有多喝水？"等。何老师意识到收集整理幼儿每天在园生活、学习的过程性资料的必要性。于是，何老师为每个幼儿建立了学习档案袋，真实记录、客观反映幼儿在园的各种情况。为了更好地发挥学习档案在家园工作中的平台作用，何老师还鼓励家长参与学习档案的制作与完善：家长记录幼儿在家的生活状况，何老师记录幼儿在园的真实表现。一年下来，家园共同将幼儿的日常生活、学习过程、活动参与等，以图文并茂的方式记录在学习档案中。通过翻阅档案，大家就能看出这一年中幼儿各方面的学习与成长。

⑩关注幼儿的心理健康，尽可能让其保持积极的情绪状态。

释义：教师在日常教育教学过程中，随时通过幼儿的表情、参与游戏和学习的状况等来判断幼儿的情绪状态，尽可能通过创设学习环境、与幼儿积极互动等方式让幼儿保持中性和积极的情绪状态。

案例：在一次美术课上，刘老师请幼儿画自己的家人。宇宇在绘画中，把家人都画成一条一条的小鱼，把自己、妈妈和弟弟画在左边，把爸爸和外婆画在了右边，中间画了许多高高的海草。刘老师在查看绘画作品时，发现宇宇绘画的作品与众不同，连忙和宇宇交流。原来，平时爸爸和外婆经常拿宇宇和弟弟做比较；在家里，他们对宇宇的要求也非常严格，有时还会打骂他。于是，宇宇认为爸爸和外婆都不关心自己，也不喜欢自己。所以他在作品中就把爸爸、外婆和自己隔开。刘老师了解情况后，通过对话聊天、讲述关于家庭与爱的绘本和宇宇进行积极沟通，也引导宇宇知道爸爸和外婆都是很爱他的。与此同时，刘老师也积极与宇宇的家长取得了联系，希望家长能更加关注宇宇的心理需求，在兼顾二宝的同时，给予宇宇适当的爱和关注。

⑪发现幼儿心理或身体有明显变化时，及时告知家长。

释义：在一日生活中，教师发现幼儿在情绪、身体等方面发生明显变化时，如幼儿近期突然变瘦，或者情绪持续低落，不愿意与同伴交往，户外活动心率很快，出汗很多等，要立即告诉家长，以便家长及时做出反应。

案例：果果平常不喜欢睡午觉。有一天，果果刚刚躺下就睡着了，值班的向老师觉得有点诧异，便随时关注果果的情况。突然，果果全身开始抽搐起来，向老师马上大声叫果果，可是果果还是不醒。见此情形，班级的另一位老师马上通知保健医生到班级进行紧急处理。随后，向老师第一时间打电话通知家长，并迅速联系车辆将幼儿送往医院，为果果提供了持续的关注与有效的护理。由于处置及时，果果的状况很快就好转了。

⑫幼儿在幼儿园发生意外时，教师必须按照幼儿园规定的程序处理，并保存好处理过程的资料。

释义：幼儿如果在幼儿园受到了意外伤害，如跌落、摔伤、被同伴抓伤、食品药品过敏等，教师必须遵守幼儿园意外事故处理的相关规定，第一时间告知幼儿园和家长，同时做好事故处理过程中信息证据的采集和记录。

案例：一次午餐时，一个幼儿被鱼刺卡住喉咙。孙老师一边安抚幼儿的情绪，一边带幼儿前往医务室。然后，孙老师请保育老师对幼儿进食的食物进行了拍照记录，保健医生通过肉眼和现有的工具无法顺利地将鱼刺取出，为了保障幼儿的安全，保健医生建议立刻带幼儿前往医院。孙老师立即向分管行政的领导作了电话汇报，并与幼儿妈妈取得了联系，通过商量决定将幼儿送往儿童医院就医，幼儿家长也及时赶到了医院。

在去儿童医院的路上，孙老师一边安抚幼儿的情绪，一边观察他的变化，保健医生则随时用拍照、文字描述的方式记录了孩子误食鱼刺后的全部状况。抵达医院后，孙老师和保健医生及时将幼儿的状况与医生进行沟通。幼儿很快得到了治疗。事件结束后，按照幼儿园的相关规定，保健医生完成了幼儿入院就诊后的相关事宜，孙老师将事件发生的全过程详尽地梳理后，交由家长与分管领导确认签字。

⑬自己遭遇重大挫折或者情绪波动时，必须告知幼儿园。

释义：教师在生病、遇到亲人亡故或者严重影响情绪稳定的事件时，如果无法很好地调控自己的情绪，不能做到用中性或者积极的情绪状态来面对幼儿，就必须在事件发生后告知幼儿园，以便让幼儿园采取合理的应对措施。

案例：最近，大一班的何老师家中遇到了一些困难，孩子突然生病住院，家中老人年事已高，无法照顾孩子，而孩子的爸爸外出公干，家庭里里外外都需要何老师照顾。孩子初入院，何老师请护工照顾孩子，下班时才去医院。但没过几天孩子病情加重，何老师的心情也随之跌落谷底。为了不影响班级的正常教学，避免自己的负面情绪影响幼儿的正常活动，何老师主动向园领导说明情况，提出请假申请。知晓何老师家庭的特殊状况后，园长安排有教学经验的王老师到班级执教，与何老师做好沟通和交接工作。

（三）坚决禁止的非专业行为

①欺骗和恐吓幼儿，用语言误导幼儿。

释义：教师为了达到维持纪律或者控制、约束幼儿行为的目的，用言语、动作威胁，或者给幼儿做出空头许诺等行为。这将给幼儿带来某种不良影响。

②无准备地组织教学活动。

释义：教师在幼儿开始学习、游戏之前没有任何思想、物质准备，没有相应的活动方案和思路，临时在现场随意选择内容和形式开展活动。

③体罚和变相体罚幼儿。

释义：教师采取可能会使幼儿疼痛、受伤的方式对幼儿进行直接惩罚，甚至给幼儿带来生理上的伤害，主要表现为揪耳朵、罚站、殴打、连续蛙跳、不给吃饭等方式。

④戏弄、嘲笑幼儿。

释义：教师用言语对幼儿的某种行为或者特征表达出讽刺、不满的态度，如"你怎么长得这么胖！"。

⑤言语辱骂和羞辱幼儿。

释义：教师用粗鲁的言语或者带有恶意的言语来表达自己对幼儿的不满，甚至是愤怒。

⑥带着负面情绪对待幼儿。

释义：教师在与幼儿互动的过程中，总是带有负面情绪，如愤怒、敌意、沮丧、焦虑等不良情绪。

⑦负面定性评价幼儿。

释义：教师在与幼儿的互动中，对幼儿的行为表现、学习过程等总是做出否定性的、终结性的评价，如"他本来就搭不好积木""他不是我们班最聪明的孩子"。

⑧解决幼儿冲突或者其他突发情况时，教师带着情绪。

释义：教师在解决幼儿之间的冲突或者意外情况的时候，不能稳定自己的情绪，不耐烦、害怕、恐惧、焦虑等情绪占据主导地位。

⑨歧视及区别对待幼儿。

释义：教师因为幼儿的长相、体型、家庭情况、性别等不符合自己的期望而表现出厌恶或者不屑，并在教育过程中有意无意地给予符合自己期望的幼儿更多的关注和机会。

⑩与幼儿互动时，使用移动终端处理个人事务。

释义：教师课上与幼儿互动时，不时使用智能手机、平板电脑等处理工作与个人事务，不能专注于幼儿和互动本身。

⑪穿戴可能伤害幼儿的服饰、鞋子等。

释义：教师在与幼儿互动的场合，穿着暴露，穿高跟鞋或尖头鞋子、戴有尖角的金属首饰，这些穿着可能威胁幼儿的安全。

⑫未征得幼儿家长的书面同意，私自将幼儿的信息或作品发布到社交平台上。

释义：教师未征得幼儿家长和幼儿园的同意，私自将幼儿的私人信息、图片、视频等发布在个人的微博、微信、QQ、网络论坛上。

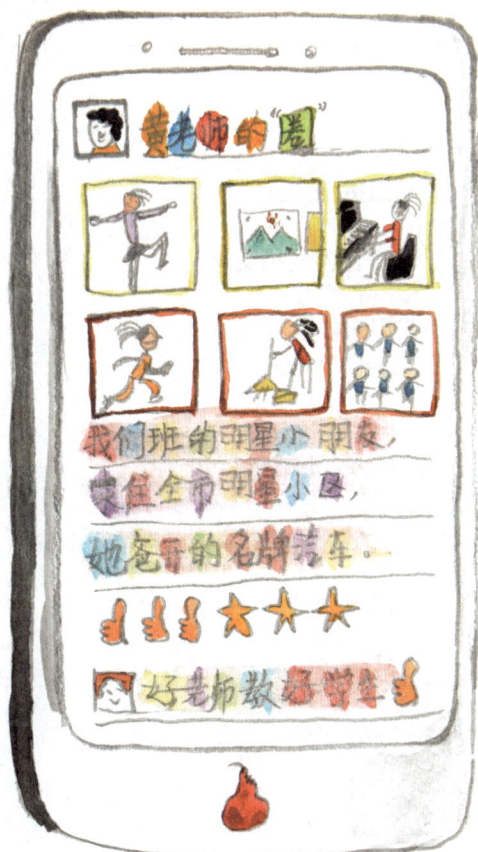

● 第二节　教师对家长的专业伦理规范

一、教师对家长的专业伦理规范条目

教师对家长的专业伦理规范是指基于家园共同参与教育促进儿童发展的原则，提出的教师对待家长的专业行为规范，其功能在于为教师在家园工作中遇到的道德困境提供解决依据与建议。

（一）倡导的专业行为

①把家长当成幼儿的第一教育者和责任人。

②围绕幼儿的发展与家长展开专业的沟通和交流。

③向家长传递创造性教育的专业知识。

（二）必须做到的专业行为

①了解和尊重家长对幼儿教育的期望和观念。

②分析幼儿家长的专业特长并引导家长以适合幼儿学习的方式参与班级的日常教育工作。

③在不影响日常教学的前提下，班级的日常活动随时对幼儿家长开放。

④定期与幼儿家长沟通，通报班级的计划和课程，确保家长的知情权。

⑤尊重幼儿家长和家庭文化的多样性。

⑥保护幼儿家长和家庭的隐私。

⑦使用幼儿的信息、图片、视频、作品时，必须征得家长的书面同意。

⑧幼儿在园发生意外，教师必须第一时间通知家长。

⑨在公开场合（幼儿园、班级微信群或者 QQ 群）与家长展开交流。

⑩与家长交流时，态度要真诚、平和，尊重和接纳家长。

⑪以多种形式向家长展示幼儿在幼儿园的发展状况。

⑫对家长的质疑和问题，及时给予认真具体的回应。

⑬认真听取家长对班级、对幼儿园工作的意见和建议。

⑭保留与家长交流的记录和资料，以便于查询和持续交流。

（三）坚决禁止的非专业行为

①利用与家长的关系谋取私人利益。

②打听并传播幼儿家庭的隐私。

③接受家长的礼物和宴请。

④幼儿在园期间教师与其家长发生感情纠葛。

⑤区别对待家长。

⑥批评指责家长。

⑦与家长发生冲突。

⑧与家长交流时毫无准备，没有任何事实材料作为交流的基础。

⑨与家长交流时使用不文明语言。

⑩区别对待向班级提出意见的家长的幼儿。

二、教师对家长的专业伦理规范解读及案例

（一）倡导的专业行为

①把家长当成幼儿的第一教育者和责任人。

释义：教师承认家长是幼儿发展的第一教育者、最重要的教育者和责任人，家长和家庭教养方式对幼儿发展的影响更为长远和持久，教师对幼儿的教育不能控制、不能代替家长对幼儿的教育。在具体的教育过程中，教师需要尊重家长的需要和价值观，注重激发家长参与幼儿园教育教学活动的热情和积极性。

案例：陈老师是小班的老师，在幼儿入园前，陈老师走进每个幼儿的家庭，了解幼儿家长的教育观念；组织家长参与全园的新生家长会，让家长了解幼儿园的办园理念与教育思想。幼儿入园后，陈老师与家长保持积极的沟通与联系，随时交流幼儿的在园情况；同时还定期组织家长会、家长开放日以展示幼儿在园的生活与学习情况，分析班级幼儿的发展现状，与家长交流方法，引导家长科学育儿。为了关注每个幼儿的个体差异，陈老师还不定期与家长进行约谈，与家长一起制订个性化的幼儿成长方案。除此之外，幼儿在园发生突发紧急状况时，陈老师也总是第一时间通知家长，如实汇报事情的具体情况，并和家长共同探讨解决问题的办法。陈老师的家园工作得到了家长和其他老师的一致认可。

②围绕幼儿的发展与家长展开专业的沟通和交流。

释义：家长和教师双方关注的焦点是幼儿的发展，为此在日常的家园交流中，教师要表现出专业人员的作为，围绕幼儿发展的特定主题，如社会领域内分享行为的发展、数学领域内问题解决能力的发展等与家长展开深入的沟通和交流，全方位了解幼儿学习的背景和过程，为更好地支持幼儿的学习奠定基础。

案例：张老师发现新升入中班的幼儿对图形十分感兴趣，于是张老师学习并梳理了中班幼儿关于图形的核心经验发展的要点与规律，并将其转化为丰富多样的学习、游戏活动，开展了"图形王国"主题活动，以帮助幼儿在观察、操作、游戏中逐步内化关于图形的核心经验。圆圆爸爸在一次家园交流中提出了自己的疑惑，认为圆圆和好多小朋友已经认识了不少图形，是否有必要专门开展关于图形的主题活动。张老师首先肯定了圆圆爸爸对幼儿发展的关注，并对圆圆爸爸的疑问进行了耐心的解释。张老师不仅分享了圆圆在课程中的表现，而且着重对儿童图形经验发展的轨迹做了详细阐述：幼儿除了认识基本图形之外，还需根据图形特征对差异图形进行分类，并能在识别图形的移动、翻转或旋转等变化后完成图形的守恒，最后才能完成图形的分解和组合。听了张老师的分析，圆圆爸爸感受到了对于孩子的发展来说，每次细微的进步和认知水平的提升都离不开成人细致的观察与分析。后来，圆圆爸爸也尝试采用张老师分享的观察法和教育策略参与圆圆的游戏。在家庭和幼儿园的共同努力下，圆圆对图形的认知能力得到了较好的提升。

③向家长传递创造性教育的专业知识。

释义：幼儿园教育理念的落实，既离不开幼儿园教育教学工作的开展，又离不开家庭的支持。教师在家园工作中有意识地向家长传递在家中对幼儿进行创造教育的活动内容和方式。

案例：进入大班，幼儿对建构游戏的兴趣非常浓，也有了一定的搭建技巧。根据幼儿的兴趣点和大班幼儿建构技能的发展特点，朱老师生成了一系列关于建构的创造性教育活动。教师不仅带领幼儿走出幼儿园去参观博物馆，而且鼓励家长和幼儿在家一起使用各种玩具搭建作品，在多样化的建构活动中丰富经验，进行创造性的表达。结合活动的开展，朱老师每周三晚在微信群中创设"家园对话时间"专题活动，邀请家长在群里分享幼儿在建构游戏中遇到的困难，以及在游戏中的创造性表现，朱老师也结合在建构游戏中幼儿创造性思维的发展、幼儿创造性发展的支持策略向家长讲解。

（二）必须做到的专业行为

①了解和尊重家长对幼儿教育的期望和观念。

释义：不同文化背景和不同阶层的家长对幼儿园教育的期望是不一样的，教师要充分尊重家长的价值观和期望，同时要利用各种沟通交流的机会，如微信平台、班级 QQ 群等向家长阐述和介绍自在创造的教育理念，力争让不同背景的家长都能认同和支持这一教育理念。

案例：贝贝妈妈是一位出自寒门的高才生，对自己要求严格，对贝贝的期望也很高，希望贝贝在每个方面都做到最好，尤其是在钢琴的学习上。最近，贝贝特别反感学习钢琴，经常在家里对妈妈发脾气，不愿意练琴，因此她们的亲子关系受到了影响。贝贝妈妈非常苦恼，找到了班里的郭老师。贝贝妈妈说："我小的时候没有条件学习钢琴，现在各方面条件好了，我就想她一定要把钢琴学好！"在了解了贝贝妈妈的想法后，郭老师发现学习钢琴是家长对孩子的要求，而不是孩子的兴趣点。郭老师告诉妈妈："教育是为了孩子的发展，应顺应孩子的发展，符合孩子的兴趣和需要；钢琴类艺术学习的目的不仅是让孩子学会某项技能，而且更多的是通过艺术熏陶，循序渐进地提高孩子的审美与艺术表达能力。我园的教育理念强调尊重孩子的个性表达，珍视孩子的独特价值。过度强调技能训练，虽然能取得眼前的进步，但长此以往不但会影响孩子的个性，还会限制她的思维。"贝贝妈妈也意识到，孩子不愿意练习钢琴与自己过于严苛的要求有关。在后来的亲子陪伴中，贝贝妈妈逐渐调整对贝贝的培养思路，减少其在钢琴学习中的机械性练习，经常带贝贝欣赏童话剧、音乐会、歌剧等，贝贝对音乐的兴趣更加浓厚了。

②分析幼儿家长的专业特长并引导家长以适合幼儿学习的方式参与班级的日常教育工作。

释义：不同职业背景的家长身上蕴藏着不同的智力资源，这些都可以引入幼儿园来支持和扩展幼儿的学习。教师必须了解和整理这些资源，在家长自愿的基础上，邀请其参与到班级的教育中，服务于本班幼儿的发展。

案例：在日常的交流中，杨老师发现班里有一个特别擅长与孩子互动、有教育智慧的陈爸爸：孩子想要了解墙上的画有多长，陈爸爸就抱起儿子以身体为尺子做比较；孩子特别喜欢霸王龙，经常在美术作品中画霸王龙，陈爸爸就根据孩子的设计思路，为一家人设计了一套霸王龙服装，还在家里表演亲子剧……经过约谈，杨老师了解到陈爸爸是一位美术老师，从事幼儿美术教育多年，尤其擅长泥塑和幼儿绘本创作。杨老师希望能将陈爸爸的研究专长引入班级的课程教学中。经过多次对话商讨，杨老师和陈爸爸把"学习自制图画书"作为家长义教活动的主要内容，设计了一系列丰富的活动。活动开启前，陈爸爸向杨老师介绍了幼儿自制绘本的要点与难点，而杨老师则详细地向陈爸爸介绍了班级幼儿的整体情况。在两人的精心设计与安排下，陈爸爸多次走进班级教幼儿画绘本、做绘本。在陈爸爸的支持下，班级还以"自制图画书"为主题开展了一次家长开放日活动，从幼儿前书写、前阅读经验发展的角度向家长展示了幼儿在自制图画书中的收获与发展。临近毕业，陈爸爸再次走进班级，和杨老师一起围绕主题"毕业"，引导幼儿将自己难忘的幼儿园生活绘制成班级毕业绘本《有一天》，当老师在毕业典礼上将幼儿自制的绘本作为毕业礼物送给幼儿和家长时，他们都非常感动。

③在不影响日常教学的前提下，班级的日常活动随时对幼儿家长开放。

释义：教师向家长开放班级的所有工作和幼儿的一日生活，随时欢迎家长来班级访问和了解幼儿的活动情况与班级工作，前提是家长的到来不打扰幼儿的活动。

案例：豆豆是班里一个比较内向、不爱说话的孩子，豆豆妈妈担心孩子在班级不合群、不受其他幼儿的欢迎。尽管豆豆妈妈经常与老师沟通交流，但还是想亲眼看一看豆豆在幼儿园里的情况。她向李老师表达了自己的想法，李老师表示理解和赞同，并告诉她只要不影响幼儿的正常活动，她可以随时来园观察。

在征得李老师的同意后，豆豆妈妈走进班级。李老师首先向豆豆妈妈介绍了当天的活动计划，并为她安排了适宜的观察位置。在室内活动时，她悄悄坐在角落观察豆豆。在户外活动时，豆豆妈妈也跟随幼儿走出教室，观察豆豆在游戏中的状态。活动结束后，李老师及时与豆豆妈妈进行了深入的交流。

④定期与幼儿家长沟通，通报班级的计划和课程，确保家长的知情权。

释义：教师定期，如每月或者每半个月通过线上或者线下的方式，向家长通报班级的课程计划、目前的课程状态、幼儿的学习活动状况、需要的帮助等，保障家长对班级工作的知情权。

案例：可乐班每周都会利用网络平台向家长公布班级的课程动态，以便家长了解班级活动的具体情况，同时每月也会定期举行家长开放日活动，帮助家长在亲身体验中明晰幼儿最近一个月的学习与发展成果，以及下一阶段的发展目标和课程计划。

本学期，大班幼儿即将告别幼儿园，升入小学。在 4 月的家长开放日活动中，王老师围绕"幼儿数学能力的发展"进行了专题介绍，并组织了数学活动，向家长们展示了班级幼儿近期在数学能力上的发展。同时，王老师通过真实的案例向家长分享了运用游戏提升幼儿数学能力的方法。在家园互动环节中，王老师还细致地介绍了班级下阶段的学习计划以及家园配合的要点。家长们纷纷表示在这次活动中了解了幼儿的学习情况，也知晓了可乐班在各个领域的教学内容与计划，还学到了许多引导孩子在游戏中学习的方法。

⑤尊重幼儿家长和家庭文化的多样性。

释义：社会阶层、文化背景、受教育程度、家庭结构等因素的多样化导致家庭之间呈现出多样性，教师要认识到其中的发展和教育价值，尊重文化的多样性，努力保持班级文化的多样性。

案例：在新生入园前的家访中，老师们了解到圆圆出生在一个少数民族家庭，他的爸爸妈妈都是回族人。由于回族有自身的饮食传统，因此圆圆父母担心幼儿园无法接收和适应圆圆这种具有特殊家庭文化的孩子，更担心孩子会因此被他人歧视，家人甚至做好了暂时不让圆圆上幼儿园的准备。家访结束后，刘老师将此情况反馈给幼儿园，幼儿园秉承尊重幼儿家庭文化背景的原则，按照相关规定，幼儿园为圆圆提供了替代性食物，这既尊重了圆圆的家庭文化，又保证了饮食健康，同时引导教师思考如何在班级课程中渗入多种民族文化。圆圆的家长得知幼儿园针对圆圆的情况所做的调整与努力后，十分感谢幼儿园。

⑥保护幼儿家长和家庭的隐私。

释义：教师不主动打听幼儿家庭的情况、家长的职业状态、家长的社会关系、家长的身体状况、家长的婚姻状况等，即使了解到了这些信息也不传播。家长不愿意提供的信息不强行要求家长提供。

案例：丁丁最近情绪不太稳定，侯老师主动与丁丁的家长交流情况，但丁丁爸爸在谈及这个问题时总持回避的态度，侯老师看出丁丁爸爸的担心，于是向丁丁爸爸表示，尊重和保护家长的隐私是老师的责任，老师绝不会以任何理由泄露家长的隐私，了解其情况只是为了帮助幼儿更好地成长，如果确有不便，老师也将予以尊重。在清楚了老师的态度后，丁丁爸爸告诉侯老师，由于自己的工作问题以及丁丁妈妈刚生育了二胎、处于哺乳期的问题，夫妻俩好几次当着丁丁的面大吵大闹，丁丁吓得直哭，可能因此导致了丁丁最近的情绪问题。了解情况后，侯老师向丁丁爸爸强调了夫妻关系对孩子影响的重要性，建议丁丁爸爸给予处于特殊阶段的丁丁妈妈更多的关心和陪伴，也要避免将夫妻矛盾展露给孩子。侯老师也及时向班级其他老师说明了丁丁的情况，请老师们加强对丁丁的日常关注，多和丁丁谈论有关爸爸妈妈的趣事，转达爸爸妈妈对丁丁的关心和爱护，并强调除了班级老师以外，不得向任何人提及丁丁的家庭情况。

⑦使用幼儿的信息、图片、视频、作品时，必须征得家长的书面同意。

释义：教师在线上或者线下公开使用幼儿的信息、图片、视频、作品时，需要得到家长的授权与同意，并签署幼儿园制定的格式化书面同意书。

案例：临近园庆，幼儿园想要采集幼儿在园时的作品、照片，制作宣传册来展示幼儿园的风采，但由于涉及幼儿隐私，于是园长召集所有教师对幼儿照片的采集及使用进行讨论。大家一致认为使用幼儿的照片信息应向家长阐明其用途并征得家长同意。在后续的家长会中，教师们向所有家长解释了采集幼儿作品、照片的用途与目的。在征得家长同意后，双方专门签订了书面同意书，对照片、视频等幼儿个人信息的使用情况及具体要求进行了约定。后来，教师收集到了丰富的幼儿活动照片和作品，这些资料也在园庆宣传册上得到了很好的展示。

⑧幼儿在园发生意外，教师必须第一时间通知家长。

释义：幼儿在园发生意外时，教师必须在事故发生后的两分钟内电话通知幼儿家长，不得以短信或者其他方式通知家长。

案例：某日午睡起床时，群群十分兴奋地在床上蹦跳，因为早上爸爸妈妈告诉他，他们会在午睡后接他回家。胡老师正要劝阻，就听见群群从床上摔下来的声音，只见群群用手捂着额头大哭。胡老师迅速通知幼儿园卫生保健室，保健医生发现群群眉骨处有明显的伤口，立刻对外伤进行了紧急处理。同时，胡老师给群群爸爸妈妈打了电话，详细解释事情发生的经过以及处理情况。之后，群群在家长、老师和保健医生的陪同下前往儿童医院就诊。因处理方法妥当、送医及时，群群的外伤并无大碍，很快便康复了。

⑨在公开场合（幼儿园、班级微信群或者 QQ 群）与家长展开交流。

释义：教师与家长的交流属于工作行为，不属于私人行为，必须在公开场合，如幼儿园、班级微信群等进行交流，不得在私人场合展开交流。

案例：天天妈妈给杨老师发来短信，表示想要了解天天在幼儿园的情况，希望邀请杨老师到家里吃顿便饭，顺便进行交流。杨老师回复表示感谢，并邀请天天妈妈在接送天天时来班级进行交流。放学后，天天妈妈来接孩子，再次邀请杨老师一定要去家里做客，杨老师再次委婉地拒绝了天天妈妈的邀请。第二天，杨老师通过短信邀请天天妈妈在幼儿离园后来班级进行交流，天天妈妈答应了。下午幼儿离园后，杨老师与班级老师一起和天天妈妈交流了天天近期的各种情况，并针对目前的问题讨论了家园共育的策略和方法。

⑩与家长交流时，态度要真诚、平和，尊重和接纳家长。

释义：在与家长交流的过程中，教师要表现出关心幼儿的态度，认真倾听家长的声音，努力站在家长的立场理解家长的观点，不急于否定或者纠正，不随意打断家长的话语，真诚、平和地与家长交流。

案例：一天，萱萱爸爸接她回家后，萱萱拉着裤子站在墙角一动不动，此时爸爸发现萱萱尿裤子了。爸爸询问萱萱有没有及时告诉老师，萱萱只是摇头。见孩子不愿意说，爸爸有些着急了，立刻打电话给班级的刘老师交流情况，说："我女儿胆子小，尿裤子了不敢说，但是老师有责任在放学前检查整理每个小朋友的衣物。孩子穿着湿漉漉的裤子回家，生病了你负责吗？"听到萱萱爸爸有些激动的话语，刘老师并没有急于打断，而是等待爸爸说完后，耐心地做出回复，说："萱萱爸爸，不着急，先请您给孩子换上干净的裤子，我马上联系班级的几位老师，核实一下情况再回复您。"随后，刘老师联系了当天下午当班的两位老师，她们回忆了萱萱离园时的情况，他们确认为每个幼儿都整理了衣物，在离园时萱萱并没有尿湿裤子。

第二天一早，刘老师在班级等待萱萱和爸爸，详细解释了前一天下午放学时的情况，并对离园检查的相关工作进行了解释：进入冬天，幼儿衣物太厚，不便于整理，因此每次如厕后、离园前，老师们都会逐一地为幼儿整理并检查衣物。对于打湿了的衣物，老师一定会在第一时间为幼儿更换。昨天放学前，老师在检查衣物时，并没有发现萱萱裤子湿了。刘老师请萱萱爸爸放心，老师们一定会细致照顾每个幼儿，同时也欢迎萱萱爸爸在遇到类似情况时及时与老师沟通。

⑪以多种形式向家长展示幼儿在幼儿园的发展状况。

释义：教师收集幼儿个体学习发展的过程性资料，如以视频、图片、文字等为载体的幼儿作品、话语、行为表现等，通过正式（家长会、家长开放日、主题墙、班级微信群）或者非正式（社交媒体等）的渠道展示给家长。

案例：陈老师是一名幼儿园中班的教师。他在教室外的墙壁上布置了"家园联系栏"，在联系栏上向家长及时公布班级的活动信息、动态，反馈班级日常保教的重点及幼儿的发展情况，并坚持每周更换一次。为了帮助家长更好地了解幼儿在园的情况，陈老师还根据班级活动安排为每个幼儿制作成长档案袋，每月向家长发放一次，使家长更具体、更及时地了解孩子在园生活、游戏等各方面的情况。

⑫对家长的质疑和问题，及时给予认真具体的回应。

释义：家长对教师的某些决策和工作质疑或者不理解时，教师不能有负面的情绪反应，而是要认真回答和解释家长的疑问，争取得到家长的理解和支持。

案例：一天早晨，小瑜和妈妈一起来到幼儿园，小瑜妈妈很着急地问老师："宝贝今天早上不想来上幼儿园，说老师要批评她。"因为前一天小瑜和其他幼儿争抢玩具，还动手推了别人，险些将那个幼儿的头撞到桌角上，事情发生后，老师便和小瑜进行了交流，指出了小瑜不正确的行为。一向乖巧的小瑜受到老师的责备，心里很不开心，第二天就不愿意上幼儿园了。老师耐心地向家长解释了前一天事情的经过，并当着家长的面和小瑜进行了沟通，说："宝贝，昨天发生的事情，让你不高兴了对吗？老师指出你不对的地方，是因为你的行为有可能伤害到你的好朋友，并不是老师不喜欢你。当时老师有点着急，老师向你道歉，但你也要明白用昨天的方法对待好朋友是不正确的，你觉得呢？"小瑜在得到老师的安抚后高兴地走进了教室，家长的心情也平复了许多。老师耐心地告诉家长："宝贝一直很乖巧，但小朋友之间难免会发生矛盾，我们在关注孩子情绪的同时，也会用正确的方式与她沟通，让她及时调整自己的行为。"家长非常赞同老师的观点，满意地离开了。

⑬认真听取家长对班级、对幼儿园工作的意见和建议。

释义：主班教师定期（每学期一到两次）举行面对面的家长座谈会，收集家长对班级工作和对幼儿园工作的意见和建议。如果这些意见或者建议被采纳，教师要及时反馈给家长。

案例：由于近期媒体报道了多起校外人员进入校园伤人的事件，班级部分家长对幼儿园的安全管理有所担心，有的家长在私下里讨论，有的家长向班级老师表达了自己的担忧。了解到家长的担心后，聪聪老师组织家委会的家长进行了商讨。他们决定结合每年一次的家园座谈会，开展一次针对幼儿园安全管理的座谈交流活动，以充分听取家长的意见和建议。在会上，家长代表首先向聪聪老师表达了家长们的担忧与困惑，聪聪老师也就幼儿园在安全管理方面的相关制度进行了介绍。在互动讨论环节，家长们各抒己见，纷纷提出规范幼儿园安全管理的有效策略。会后，聪聪老师对家长提出的合理化建议进行了梳理，并向幼儿园管理层提交了书面汇报。通过商议，幼儿园决定采纳家委会提出的"加强家长开放日活动中家长入、离园的管理"的建议，并将涉及的实施流程与管理办法进行了梳理。在随后的班长会上，园长详细介绍了该管理制度的具体操作流程。经过一个月的试用，该制度得到了很好的推行，管理成效也很显著。在期末的家长问卷上，幼儿园着重对家委会合理化建议的实施情况进行了说明。

⑭保留与家长交流的记录和资料，以便于查询和持续交流。

释义：教师要收集和保存与家长交流的会议纪要、图片、视频等资料，并对其进行整理和分析，以便于调整教师的沟通交流策略和提高交流的有效性。

案例：明明的父母工作很忙，平时都是明明的爷爷奶奶负责接送明明。爷爷奶奶很关心他，每次接送时都要跟李老师沟通：这孩子平时不爱说话，请老师多多鼓励；请老师提醒他多喝水……李老师每天都会耐心地与明明的爷爷奶奶交流孩子的在园情况，并将交流内容加以记录。期末，明明爸爸来园了解明明这学期在幼儿园的表现。李老师便拿出之前准备好的家园交流记录，与他做了细致的交流沟通。明明爸爸清晰地了解到明明这一学期在幼儿园的成长和变化，明明爸爸对李老师在家园共育工作上的细致表示赞赏。

（三）坚决禁止的非专业行为

①利用与家长的关系谋取私人利益。

释义：利用教师的身份，或者利用家长对教师的信任，教师要求家长为其解决某些私人问题，或者谋取经济利益。

②打听并传播幼儿家庭的隐私。

释义：教师收集家长的婚姻状况、经济状况、社会关系、身体状况等方面的隐私信息，并将这些信息通过正式或者非正式的渠道传播给他人。

③接受家长的礼物和宴请。

释义：教师接受家长送的各类礼物，如现金、礼品、购物卡、代金券、手机充值卡等或接受家长各种名目的请客吃饭。

④幼儿在园期间教师与其家长发生感情纠葛。

释义：教师与班级的某个家长产生感情联系，发生感情纠葛。

⑤区别对待家长。

释义：教师将家长分成特定的类型，如一些家长有条件、有地位，一些家长是普通的、没有利用价值的，一些家长是配合幼儿园工作的，一些是不配合的，等等。

亲爱的，你终于来啦！老师都想你了……

⑥批评指责家长。

释义：教师在公开或非公开的场合批评指责某些家长表现不好，不支持、不配合班级工作，影响了班级声誉等。

⑦与家长发生冲突。

释义：教师在日常教学中，因为幼儿或者班级事务与家长发生争执、进行言语攻击甚至有肢体冲突。

⑧与家长交流时毫无准备，没有任何事实材料作为交流的基础。

释义：在与家长交流沟通时，教师没有提前做好准备，平时也没有积累与幼儿行为表现有关的素材，在交流中无法详细描述幼儿的表现，只能用一些抽象模糊的词语与家长沟通。

⑨与家长交流时使用不文明语言。

释义：教师在与家长的沟通过程中，无论线上沟通还是线下沟通，使用了很多不文明的网络语言或者脏话。

爸爸，你和黄老师说的什么呀？我一句也听不懂。

⑩区别对待向班级提出意见的家长的幼儿。

释义：家长对班级工作提出意见，尤其是提出否定性意见或者建议时，教师有意冷落或者剥夺该家长的一些权益和机会。

第三节 教师对同事的专业伦理规范

一、教师对同事的专业伦理规范条目

教师对同事的专业伦理规范倡导教师在尊重个人尊严、个人发展、保持和发展积极的人际关系的基础上，与同事建立和保持良好的人际关系。这是处理教师与同事关系、处理工作问题的行为规范与价值倡导。

（一）倡导的专业行为

①关心同事。

②与同事协商、合作、互助。

③和同事分享自己的专业经验。

④向同事提出中肯的建议。

⑤尊重每个岗位的同事，不区别对待。

⑥对同事以诚相待。

⑦对同事的成功、努力表示真诚的赞赏。

⑧敢于担当、勇于承担责任。

（二）必须做到的专业行为

①告知同事自己的观点和想法。

②面对同事的请求要提供自己力所能及的帮助。

③保护自己和同事的知识产权。

④尊重同事的决定和意见。

⑤保护同事的隐私。

⑥感谢同事对自己的帮助。

⑦分享专业方面的信息与知识。

⑧信任同事。

⑨与同事合作决策和解决问题。

（三）坚决禁止的非专业行为

①打听和传播同事的隐私。

②歧视或者孤立同事。

③与同事发生冲突。

④捏造事实或者道听途说来毁坏同事的名声。

⑤对同事的工作和发展设置障碍。

⑥侵犯同事的知识产权。

⑦在其他同事或者家长处说某位同事的坏话。

⑧贬低同事的工作和贡献。

二、教师对同事的专业伦理规范的解读及案例

（一）倡导的专业行为

①关心同事。

释义：教师发自内心关心、照顾、帮助自己的同事，希望同事能有好的发展和进步，如关心同事的专业发展、身体状况、心理压力等。

案例：小班年级组下周要开展游戏嘉年华的主题活动，各班级教师聚在一起商讨下周计划，各抒己见。年级组长张老师认为开展游戏嘉年华活动，可以选用幼儿园课程资源包里的成熟资源，多多调动小班幼儿参与游戏活动的积极性。李老师认为可以分工寻找趣味性更高、游戏性更强的活动，在活动里保证幼儿能适度表达，关注游戏的趣味生动性。王老师也表达了自己的意见，认为在主题活动中要注意家园合作，与家长共享经典游戏和相关策略，还可以制作官微、视频展示小班幼儿的精彩表现。经过年级教师的充分讨论，游戏嘉年华主题活动的脉络逐渐清晰，得以顺利开展，获得了家长和其他教师的一致好评。

②与同事协商、合作、互助。

释义：教师在班级工作、教研组活动或者其他活动中做出决策的时候不能独断专行、坚持己见，而要充分与同事讨论协商，共同做出一个妥善的决定。

案例：李老师和张老师是同一个班级的工作伙伴。合作一段时间后，李老师发现幼儿在张老师组织的活动中缺乏自由表达的机会，活动专注度较低。李老师礼貌地与张老师讨论了这个问题，

并说出了自己的看法与建议——利用一些小游戏来调动幼儿的积极性，允许幼儿适度表达，这样既能吸引幼儿的注意力，也使教学活动变得更生动有趣。张老师思考后采纳了李老师的建议，向李老师学习设计吸引幼儿注意力、充分鼓励幼儿参与的活动，不断调整自己的教学策略。

③和同事分享自己的专业经验。

释义：教师在某个方面如果具备独到的经验和体会，在教研活动或者班级内部讨论中，主动向同事介绍自己的做法、策略和体会，扩展同事的经验。

案例：圆圆老师从 2005 年开始探索实践幼儿早期的阅读活动，多年来她参与了多个与早期阅读相关的教育实践研究，积累了丰富的幼儿早期阅读教育的经验。在与幼儿早期阅读的相关活动中，圆圆老师总是主动帮助同事梳理活动方案，指导活动的实施，分享自己的专业经验。当同事们遇到关于早期阅读的问题时，她也非常乐意向他们提供帮助。

④向同事提出中肯的建议。

释义：对同事的某项工作或者表现，提出具体的、可行的改进意见，而不是一味地赞美或者一味地否定。

案例：进餐环节，张老师总喜欢把进餐困难的幼儿送到隔壁王老师的班上，以示惩罚和教育。王老师觉得张老师的做法不仅解决不了问题，而且可能给幼儿带来伤害。于是，在一次教研活动后，王老师单独与张老师进行了沟通。王老师认为将幼儿带离班级群体以示惩罚的方式是非常不妥当的。幼儿的年龄小，各方面能力还需要提高，因此进餐慢是正常现象。简单地使用惩罚的方式，不仅无法有效改善进餐困难的问题，而且有可能给幼儿的心灵带来伤害。随后，王老师结合自己的教育经验，给张老师提出了中肯的建议：张老师可以耐心地了解了幼儿进餐困难的原因，并利用教学活动或游戏，引导幼儿养成良好的进餐习惯，用积极、正面的方式培养幼儿的进餐习惯。

⑤尊重每个岗位的同事，不区别对待。

释义：对每个同事都一视同仁、热心帮助，而不是根据同事的资历、学历、长相、家庭背景、与自己的关系等区别对待。

案例：张老师是幼儿园里一名普通的维修工人，性格比较内向，不太喜欢与人交流。他虽然在维修方面有一定的专长，但是对自己的生活与工作并没有太高的要求，经常做出违反幼儿园规定的行为，如将自己反锁在寝室几天不出门、旷工不接电话、领导布置的任务看自己的心情选择性地完成、在幼儿园熬夜上网……虽然张老师有很多缺点，但他喜欢幼儿园的环境。在专业技术上，他经常用自己的智慧解决各种维修难题。领导虽然十分不满意他的某些表现，但并没有立刻开除他，而是多次与他沟通交流。为了更好地了解张老师的工作情况，帮助张老师融入幼儿园，领导还特别安排张老师的分管领导、和他交好的老师与他沟通谈心。大家都从个人发展、生活状态的调整上给予了张老师真诚的建议。在对员工的考核评价中，幼儿园也并没有因为张老师的缺点，以及他的工作背景而忽略他对幼儿园的贡献。在期末的教职工表彰大会上，张老师以自己在维修工作中的创新能力，获得了幼儿园荣誉员工的称号。领奖的时候张老师非常激动，对领导的关心、包容表示了真诚的感谢。他将幼儿园颁发给他的荣誉证书放在自己的办公桌上，以勉励自己更加努力，提高自我约束力，更好地为集体服务。

⑥对同事以诚相待。

释义：在与同事相处的过程中，不隐瞒自己的观点，将自己的真实想法和意见告诉同事，不做事后诸葛亮，有话当面说。

案例：某天，年级组长杨老师在修改备课本时发现，李老师在语言活动"美丽的春天"中只为幼儿准备了一些春天的图片，将其作为教具，整个活动设计缺少实践体验的环节，小朋友的参与以倾听为主。发现这一问题后，杨老师主动找到李老师，和她一起学习了《3-6岁儿童学习与发展指南》中幼儿语言领域的相关内容。通过讨论，李老师了解到组织语言活动需要丰富的语言环境，在多感官参与的环境中，引导幼儿自信表达。随后，李老师根据杨老师的建议对活动形式进行了修改，带领幼儿走进大自然到操场寻找春天的足迹，幼儿在真实的活动情景中丰富了对美丽的春天的认识。

⑦对同事的成功、努力表示真诚的赞赏。

释义：对同事在教育教学、家长工作、科研等方面取得的成绩和获得的奖励，表示由衷的祝贺和赞赏。

案例：马老师非常喜欢儿童文学。他利用业余时间开设了一个微信公众号，播放自己讲的经典故事。两年后，这个微信公众号逐渐被同事和家长熟知，也赢得了幼儿的喜爱。园长在全园大会上特别表扬了马老师，并在家长会上推荐了马老师的故事微信公众号，同事们都送上了赞扬的掌声。有的同事还向马老师学习讲故事的技巧，也开始为班级幼儿录制音频故事。

⑧敢于担当、勇于承担责任。

释义：在参与某些工作和事件的决策后，如果出现了不好的后果，就要主动承担责任，而不是将责任推给其他同事。

案例：开学初，幼儿园向全园各班级发出了参与活动区创设评比的通知，希望每个班级都能结合班级幼儿的发展需要、课程特色，创设适宜的班级活动区环境。接到通知后，在班长的带领下，各班级教师认真思考、集思广益、积极参与。作为班长，陈老师多次组织班级教师召开碰头会，商讨活动区创设思路，班级团队共同协作完成了活动区创设。但在评比中，陈老师班的活动区创设并没有取得好成绩，班级老师知道结果后有点失望，陈老师及时召集老师们对活动区创设中存在的问题进行了反思。陈老师主动承担起责任，认为没有取得好成绩的主要原因在于自己对班级幼儿的观察与了解不够，没有将幼儿的兴趣、班级课程与活动区有效地融合。此外，陈老师还鼓励班级老师："虽然这一次我们没有取得很好的成绩，但是通过评比我们也获得了学习机会，大家多去看看获奖班级的活动区创设，一定能从中有所收获。我们争取在下一次的活动区创设中有所突破！"

（二）必须做到的专业行为

①告知同事自己的观点和想法。

释义：在与同事打交道的过程中，自己如果对某个方面有意见或者想法，就要将想法或观点直接告诉同事，不能隐晦地提示或者暗示同事自己的想法。

案例：冬冬在刚入幼儿园时总是哭闹，不愿意与老师和同伴交流。在一次活动中，冬冬一直哭闹，王老师让他一个人坐在一旁，并大声告诉冬冬："不许哭，哭是没有用的。"同班的张老师认为这是幼儿入园焦虑的表现，慢慢才能消除，教师应该以适应新环境的同理心来解读冬冬的行为，帮助他增强在新环境中的安全感和归属感。于是，张老师在下班之后主动找到王老师，说明了自己的想法，并向王老师介绍了最近读到的一篇关于幼儿入园焦虑的文章，建议王老师采取更好的办法缓解冬冬的入园焦虑问题。

②面对同事的请求要提供自己力所能及的帮助。

释义：面对同事提出的需要帮助的请求，在确认同事确实需要你的帮助且你能够提供具体的帮助之后，你应尽可能为同事提供帮助，不能提出任何附加条件。

案例：刘老师承担了体育教学观摩活动"小球戴帽子"的设计任务，虽然她不断地修改教案和试教，但总觉得不满意。于是，她便向经验丰富的张老师寻求帮助。张老师结合自己的教学经验，耐心地与刘老师讨论活动设计，认为此次活动最大的亮点在于教师将幼儿运动的关键经验分解至教学的各步骤中，并充分利用情境游戏的方式串联起整个活动，使幼儿的运动技能在游戏体验中不断得到提升。除此之外，张老师还仔细观察、记录、分析了刘老师的模拟教学活动，认真指导刘老师的教学实践。

③保护自己和同事的知识产权。

释义：在日常的教学活动和与同事的交往中，对自己和同事经过努力做出的原创性的活动设计方案、撰写的论文、制作的演示文稿等知识产权，要给予充分的尊重，要在征得同事允许的情况下使用和引用这些作品，同时必须注明原作者，不得擅自将同事的作品拿去发表或者参与评奖。

案例：郑老师与另一所幼儿园的李老师是同窗好友。一天，李老师询问郑老师："能否给我推荐一个你们幼儿园设计好的成熟的音乐活动？我正在准备一场观摩活动。"郑老师委婉地拒绝了李老师，说："非常抱歉，我所了解的音乐活动都是我们幼儿园音乐专题组老师们的学习研究成果，他们和我共享了这份资源，这是同事之间的分享交流，我没有权利随便外传，请你理解。但如果你愿意的话，我可以向你介绍音乐专题组的老师，你可以直接向他们学习。"

④尊重同事的决定和意见。

释义：同事如果就某个事项已经做了决定，即使自己对此有不同意见，也要尊重同事的决定，不得给予负面评价并到处宣扬。

案例：陈老师组织班级老师商讨新学期第一次家长会的主要内容，大家都提出了自己的意见和想法。陈老师认为第一次家长会应以现场活动和视频播放相结合的形式生动地展示幼儿在幼儿园的生活。王老师则认为，由于活动时间有限，现场活动已经足够，不需要视频。而陈老师强调，视频能够帮助家长更加全面地了解幼儿在园的情况，也能同时关注更多的幼儿，制作视频时只要考虑充分，注意时长就可以了。王老师尽管对陈老师的想法并不十分认同，但还是尊重了陈老师的决定，并给予工作上的配合与支持，共同努力做好了家长会的准备工作。

⑤保护同事的隐私。

释义：对同事的家庭经济状况、婚恋状况、身体状况等隐私信息，尽可能予以保护，不主动打听和传播同事的隐私。

案例：近段时间，刘老师丈夫的工作出现了较大变动，导致家庭经济压力很大，家庭氛围紧张，夫妻俩经常因此发生争执。刘老师在幼儿园常常沉默不语。一天，办公室唐老师向与刘老师同班的林老师打听："刘老师最近是不是家里有什么事情？我听说她老公失业了，是不是真的呀？他俩会不会出什么问题呢？"林老师听后回答："对不起唐老师，这是刘老师的家事，属于个人隐私，我不清楚。我们应该尊重她，不去打听。她如果想分享的话一定会告诉我们的。"

⑥感谢同事对自己的帮助。

释义：如果在工作中得到了同事的帮助，必须通过口头或者书面形式表达对同事的感谢。

案例：吴老师是刚入职的新老师，在和家长交流幼儿在园情况和育儿知识时总感觉很吃力，不知道如何与家长沟通。同班的王老师了解到该情况，主动找吴老师谈心，告诉她平时要多观察幼儿，注意记录幼儿的具体情况，同时还给吴老师推荐了相关书籍，并邀请她观摩自己和家长的交流。经过王老师的提醒和指导，吴老师在和家长的交流中逐渐成熟自信起来。之后她不仅当面表达了对王老师的感谢，而且还常在不同场合提到王老师对自己的帮助。

⑦分享专业方面的信息与知识。

释义：在与同事交流沟通的时候，尽可能谈论与工作和专业相关的话题，分享经过筛选的专业知识和经验给同事。

案例：张老师和杨老师就"什么是STEM课程""如何开展STEM课程"等问题展开了激烈的争论。张老师认为STEM课程就是科学探究课程，不过是换了一个名称，没必要将其当成一个新的内容来学习，更没必要在日常教育教学中引入这样一个概念。杨老师认为STEM课程肯定不同于一般的科学探究课程，其涉及的内容、方法可能与新兴的科学技术有更密切的联系，值得我们把它作为科学探究课程的有效补充去尝试深入推进。两人各有各的理解，谁都不能说服谁。不久，杨老师接到了外出学习的任务，而学习主题正是自己不太熟悉又比较感兴趣的STEM课程。杨老师在培训中十分认真，细致地整理了学习资料。培训结束后一回到幼儿园杨老师便和张老师分享了关于STEM课程最前沿的教育信息，对他们之前争论的问题也一一做了解答。他们开始思考如何在班级尝试性地开展STEM课程。

⑧信任同事。

释义：教师在与同事交往的过程中，要表现出对同事在能力、态度、方法等方面的信任，激发同事的工作积极性和热情，而不是怀疑和打击同事的积极性。

案例：在计划班级新学期课程时，年轻的马老师有了自己的想法，希望带领一组幼儿尝试深入开展多米诺课程，因为在本学期后期的活动区观察中他发现部分幼儿对多米诺游戏十分感兴趣。

主班教师李老师在了解了马老师的想法后，建议马老师拟一份初步的课程计划，将马老师自己的想法进行较为详细的梳理，以便后续能够更有针对性地进行讨论。有了李老师的支持，马老师迅速开启了对新课程的思考与设计，而杜老师却质疑李老师的决定："马老师这么年轻，你确定马老师自己能设计并实施课程吗？这样是不是太冒险了？"李老师解释道："马老师确实很年轻，比较缺乏实践经验，但他对课程有自己的理解和思考，也愿意主动尝试，我们应该积极地鼓励和支持他。我请马老师先将自己的想法进行了梳理，一来可以帮助他对自己想要开展的课程有更多的思考，二来也能让我们更清楚他的想法，以便为他提供有效的帮助。我相信马老师是能够胜任这项工作的"。

⑨与同事合作决策和解决问题。

释义：在与同事一起承担项目或者工作时，教师根据自己的兴趣和能力选择承担的任务，与同事分工合作，共同探讨后做出可行的决策或解决问题的方案。

案例：新年庆祝会的节目选择和编排、现场环境布置等问题是苹果班目前亟待解决的问题，虽然扎实推进了新年课程，但如何将活动内容转化为舞台活动来呈现，让家长直观地看到幼儿的学习和发展情况，是新任主班向老师面对的难题。担忧之后，向老师逐渐冷静下来，和李老师一起对班级情况进行了梳理。向老师擅长美术，能将幼儿的新年作品进行转化，用以烘托新年氛围；李老师擅长舞蹈，在讨论筛选出活动内容后，李老师可以将它们用舞蹈形式呈现出来；向老师家园工作经验更丰富，更能把握如何与家长交流，可以承担向家长解读节目和作品的工作……经过讨论，新年庆祝会的思路逐渐清晰，向老师不再焦虑，和李老师一起投入到各自承担的任务中。

（三）坚决禁止的非专业行为

①打听和传播同事的隐私。

释义：教师想方设法了解同事的家庭背景、婚恋状况、家庭生活、身体状况等方面的个人信息，并到处宣扬。

②歧视或者孤立同事。

释义：教师在工作中因为同事的长相、家庭收入、做事方式等不符合自己的期望就对同事产生不满或歧视同事，甚至发动其他同事来孤立这位教师。

③与同事发生冲突。

释义：教师与同事在工作中因为个人观点、传播隐私或者争夺某些利益而产生言语或者肢体上的冲突。

④捏造事实或者道听途说来毁坏同事的名声。

释义：教师在没有任何事实依据或者依据片面的事实来编造一些故事或者谣言来损害同事的名誉、伤害同事的心理。

贿赂领导

抄袭文章

马屁精

⑤对同事的工作和发展设置障碍。

释义：在日常工作中，因为自己对某位同事有意见，就通过传播虚假信息、告状、阻拦同事参与某些活动、防止同事获得某些信息等方式对同事的学习与发展设置障碍。

⑥侵犯同事的知识产权。

释义：未经同事的口头或者书面许可，教师将同事的原创作品当作自己的原创作品，并署自己的名公开发表或者参与各级各类评奖。

⑦在其他同事或者家长处说某位同事的坏话。

释义：在与同事、管理者或者家长交流的过程中，教师有意无意地说另一位同事的行为态度如何如何不好、造成了何种严重的后果等。

⑧贬低同事的工作和贡献。

释义：在与同事共同参与某个项目或者某项工作时，教师不能做到客观公正地对待同事的贡献，而是用刻意贬低同事的方式提高自己的地位和声誉。

认为自己的工作　　　　　　　　　认为同事的工作

第四节　教师对管理者的专业伦理规范

一、教师对管理者的专业伦理规范条目

教师对管理者的专业伦理规范是以园所发展为共同愿景的指向约束，是界定教师与管理者之间行为规范的伦理框架。

（一）倡导的专业行为

①发现管理中的问题并通过公开渠道反馈给管理者。

②基于事实和证据为管理者的决策提出建议。

（二）必须做到的专业行为

①维护幼儿园的声誉和形象。

②幼儿园授权对外发言时，教师必须从幼儿园的角度和利益出发。

③对外发言时，如果发表个人观点教师必须声明自己的发言不代表幼儿园的意见。

④尽力落实管理者所做的决策。

⑤对管理者的决策有异议时，应先在组织内公开提出建议。

⑥服从工作安排。

⑦通过正常渠道申诉和保护自己的权利。

（三）坚决禁止的非专业行为

①对管理者的决定阳奉阴违。

②私下抨击幼儿园的制度、措施和决定等。

③对有关管理者进行人身攻击。

④私下联合其他同事对抗管理者。

⑤对外诋毁幼儿园的形象。

二、教师对管理者的专业伦理规范解读及案例

（一）倡导的专业行为

①发现管理中的问题并通过公开渠道反馈给管理者。

释义：在日常工作中，教师如果发现了管理方面的问题，如卫生保健、教师管理、课程管理等方面的问题，不要私下与同事议论，而是要直接反馈给分管领导，使问题尽快得到解决。

案例：为便于教师的工作，幼儿园为老师们提供了午餐服务。在日常工作中，除了老师在食堂进餐外，偶尔还会有个别外来的服务人员如广告公司的设计人员、电脑维修的人员等，需要临时在食堂进餐。卫生保健室的刘医生发现外来人员在园进餐前并未确认是否进行过体检，而幼儿园在岗的教职员工均需要完成体检、持健康证才能上岗。如果外来工作人员和在园职工使用同一套餐具，则不利于防控疾病，从卫生保健管理的角度来说这并不合适。基于这个问题，刘医生向分管副园长反馈了自己的想法，建议增设外来工作人员临时就餐的餐具，并单独消毒。通过商议，刘医生的建

议很快被采纳，教职工在园进餐的管理更加规范了。

②基于事实和证据为管理者的决策提出建议。

释义：教师在为管理者提建议的时候，一定要讲清楚自己提出建议的事实依据，不能完全根据自己的经验和感受提建议。

案例：某天，何老师在查看幼儿晨检情况后，发现班级有缺勤幼儿，便主动联系缺勤幼儿家长了解情况，发现玥玥得了水痘在家休养。保健医生在得知何老师班级有水痘病例后，根据幼儿园疾病防控的相关管理制度，向园长室提出了对何老师班级采取隔离措施的建议。何老师考虑到玥玥生病之前一直请假在外玩耍，其病源尚不清楚。因此，又对玥玥的病情进行了进一步了解：玥玥一周前请事假去外地旅游，返园第一天在晨检时便出现疑似水痘症状，随后便前往医院确诊，之后玥玥未回到班级，因此本班级的幼儿应不具有传染性。何老师将自己了解到的情况反馈给了保健医生和园长，综合考虑后，园长建议班级暂不采取隔离措施，但仍需对班级幼儿加强护理，保持与生病幼儿的家长的电话联系，及时了解缺勤幼儿的情况。

（二）必须做到的专业行为

①维护幼儿园的声誉和形象。

释义：教师在与幼儿园以外的人士进行交流时，要积极向外界介绍所在幼儿园的教育理念和创新的教育实践，谦逊得体，不夸大和抹黑幼儿园，积极维护幼儿园的社会声誉。

案例：某日，小新老师参加同学聚会。聚会中有人说道："听说你们幼儿园的幼儿升入小学以后都很优秀，成绩都很好，你们肯定提前教了拼音和算术吧？"小新老师听完后认真回复："我们幼儿园不教拼音和算术，拼音和算术是一种知识技能的学习，这种学习应该等到小学，幼儿的抽象思维能力有所发展后，他们才能够更好地掌握。我们幼儿园倡导的'自在创造'课程理念，重视培养幼儿的学习习惯、学习品质和学习能力，倡导教师给幼儿提供开放的、适宜探究的活动内容，让他们在自主的环境中自由探索、发现问题、解决问题，自然养成良好的学习习惯和思维品质，进入小学，幼儿学习拼音和算术也就得心应手了。"在场的人听了小新老师的回答，纷纷表示认同。

②幼儿园授权对外发言时，教师必须从幼儿园的角度和利益出发。

释义：教师在幼儿园外进行学术交流和发言时，不得在公开场合否定幼儿园的做法和观点，重点阐述经过授权的符合幼儿园利益的观点。

案例：在一次全市幼儿园研讨活动中，刘老师等人作为幼儿园代表参加学习研讨。在主题发言环节，刘老师运用丰富的课程案例、翔实的记录，向与会代表分享了自己多年的教学实践。分享结束时，刘老师强调这些成果是在幼儿园自在创造课程理念下进行的相关实践研究，离不开幼儿园的课程引领与支持。在幼儿园授权的前提下，刘老师还共享了自己的发言资料。刘老师的精彩分享，不仅让自己和团队的研究成果得到了展示，而且让刘老师所在的幼儿园在与会代表心中留下了深刻印象。

③对外发言时，如果发表个人观点教师必须声明自己的发言不代表幼儿园的意见。

释义：教师对外发言时，如果发表的是与幼儿园的观点和立场不符的个人观点，必须现场加以声明和区分，以免误导公众。

案例：小花老师受邀参加了区内"关注幼儿教师专业发展"的主题论坛，分享了自己的专业成长故事。当与会代表谈及近期的社会热点问题"幼儿园活动室是否应安装摄像头"时，小花老师也阐述了自己的观点：不管幼儿的一日生活还是教师的一日工作，都应该纳入被信任和被尊重的社会范畴，其中都涉及个人隐私，教育工作者不应成为被实时监控的对象。同时，小花老师也强调自己的发言仅仅代表个人的观点与看法，与幼儿园的立场无关。

④尽力落实管理者所做的决策。

释义：教师需要认真理解管理者做出的决策并制订方案加以落实，即使教师对该决定持有异议。

案例：为了促进教师的专业发展，幼儿园请来了两位国内知名的幼教专家做专题讲座。由于专家的工作非常繁忙，培训时间不得不调整到暑假期间。与专家接洽好时间后，园长及时将专家的基本情况及培训安排通知了老师们，老师们都根据培训的要求对自己的假期计划进行了调整，所有老师都准时参与了培训活动。

⑤对管理者的决策有异议时，应先在组织内公开提出建议。

释义：如果对管理者制定的政策或者决策有不同的意见，可以通过合法公开的渠道逐级向上反映。教师除了表达自己的意见之外，要给出判断的依据并提出具体可行的建议。

案例：接上级要求，幼儿园决定成立膳食委员会对幼儿在园的饮食及厨房工作进行监督，计划在全园选取5～10名家长作为小组成员，每月来园督导。园长在全园大会上宣布了这项决定。会后，部分老师找到了分管领导，提出了自己不同的意见，说："根据我们对班级家长的了解，家长们非常支持成立膳食委员会。但从全园选取 5～10 名家长作为委员会的成员，这种方式还不够公开透明。建议每个班级推选两名家长代表轮流参与这项工作，并请小组成员在每次活动后都汇报他们的工作情况，便于全园家长了解"。

⑥服从工作安排。

释义：教师要遵守管理者在教师配备、编班、设施设备的调配等方面的决定。

案例：何老师即将休产假，幼儿园安排陈老师接替何老师的班级工作，而何老师所在园区距离陈老师家较远，新的工作安排将给陈老师带来较多不便。接到通知后，陈老师虽然有一些担忧，但还是迅速调整状态，安排好家庭事务，如期前往何老师的班级，熟悉班级幼儿、了解课程安排情况，有序推进班级的各项活动。

⑦通过正常渠道申诉和保护自己的权利。

释义：教师如果觉得自己受到了不公正的对待，自己的权益受到了侵害，可以向幼儿园进行书面申诉。教师如果对申诉结果不满意，可以向上级主管部门进行申诉。

案例：王老师在做班级清洁时不小心摔倒了，导致左小腿骨折，便前往医院就医。在就医过程中，幼儿园财务室请王老师先行垫付医药费，并通知她出院后来园报销。王老师康复后回园工作近一个月，没有得到任何关于工伤保险处理的通知，非常着急。她想："是不是幼儿园故意拖延时间，不愿意承担工伤的责任？"于是，王老师向幼儿园提出了申诉，园长了解了事情经过以后，请来了人事部门的主管老师，向王老师详细介绍了工伤处理流程，并告诉王老师，幼儿园正在努力跟进这项工作，并承诺会在第一时间告诉她处理结果。

（三）坚决禁止的非专业行为

①对管理者的决定阳奉阴违。

释义：教师对管理者所做出的决策表面上表示拥护和赞成，而在实际工作中则不予落实，进行抵制。

②私下抨击幼儿园的制度、措施和决定等。

释义：教师对幼儿园的制度不满，但是不在公开场合或通过合法的渠道表达，而是在非正式场合肆意进行抨击和批评。

③对有关管理者进行人身攻击。

释义：教师对管理者的人格、能力等进行否定和批判，辱骂管理者。

④私下联合其他同事对抗管理者。

释义：教师通过一些手段拉拢与自己关系好的同事组成联盟，一起对幼儿园的一些决定和做法进行抵制。

⑤对外诋毁幼儿园的形象。

释义：在幼儿园以外的场合，教师通过捏造事实，夸大个案的影响等方式诋毁幼儿园。

第五节　管理者对部属的专业伦理规范

一、管理者对部属的专业伦理规范条目

管理者对部属的专业伦理规范基于共同管理的精神，强调管理者与部属之间的尊重与信任，通过合理、有序、人文、和谐的管理方式达成促进园所发展的共同愿景。

（一）倡导的专业行为

①真心关怀每位部属。

②为每位部属制订个性化的专业发展计划并为其提供发展机会。

③赋予部属权利，激发部属的积极性和创造性。

④不带主观色彩和成见地对待每位部属。

⑤帮部属理解、认同幼儿园的理念和制度。

（二）必须做到的专业行为

①对每位部属抱着积极的期望。

②信任部属。

③尊重部属的人格尊严，对事不对人。

④尊重部属之间的个体差异。

⑤平等对待每位部属。

⑥保证部属的知情权。

⑦基于证据和事实表扬或者批评部属。

⑧与部属合作完成任务或者解决问题。

⑨赞赏每位部属的贡献和智慧。

⑩保护部属的知识产权。

⑪部属面临危机情境时，管理者必须第一时间出面。

⑫接纳部属的不同意见或建议，并认真给予反馈。

⑬基于部属的意愿和能力分配工作任务。

⑭关心部属的工作与生活，聆听部属的心声，保障部属的健康。

⑮维护部属的隐私、自尊、声誉及形象。

（三）坚决禁止的行为

①对部属有成见，不用发展的眼光看待部属。

②歧视、孤立、冷漠对待部属。

③挖掘、传播部属的隐私。

④用物质或者其他方式拉拢部属。

⑤与部属建立和发展私人友谊而影响到决策。

⑥将责任推卸给部属，自己不承担责任。

⑦与部属争夺利益。

⑧在遇到问题时，不及时沟通，强行压制部属。

⑨在工作中掺杂个人好恶，讲人情、看关系。

二、管理者对部属的专业伦理规范解读及案例

管理者对部属的专业伦理基于共同管理的精神，强调管理者与部属之间的尊重与信任，通过合理、有序、人文、和谐的管理方式实现促进园所发展的共同愿景。

（一）倡导的专业行为

①真心关怀每位部属。

释义：管理者真心关心教师的情绪、身体、压力状况、个人发展等情况，并给予部属力所能及的帮助。

案例：园长最近发现，付老师看上去总是很疲惫，和幼儿在一起时也没什么精神。园长了解后得知，付老师最近在参加市里的比赛，同时还承担了一些园务工作，压力比较大。园长又进一步向班级其他老师询问了付老师的近况，老师们提到贝贝妈妈因为主题墙上没有贝贝的作品多次与付老师交涉，认为付老师歧视贝贝，而付老师也多次向贝贝妈妈解释，贝贝的作品是贴上墙后被其他小朋友弄坏了才取下来的。贝贝妈妈不接受这个解释，并开始挑剔班级其他工作。这些事情积累到一起，让付老师疲惫不堪。

了解情况后，园长和付老师进行了交流。为了帮助付老师解决问题，园长请保教主任介入班

级的家园沟通中，并请班级其他老师密切配合，为贝贝妈妈和付老师搭建起沟通的桥梁。同时，园长安排了幼儿园的骨干教师和付老师一起打磨参赛教案，帮付老师分担压力。

②为每位部属制订个性化的专业发展计划并为其提供发展机会。

释义：管理者根据每位部属的经验基础、个人兴趣、学习能力等为其制订具体可行的专业发展方向和计划，为每位部属提供均等的学习发展机会。

案例：年轻、有朝气的小鱼老师在幼儿园工作三年了，深受幼儿和家长的喜欢。随着经验的不断累积，加上较为扎实的专业背景，小鱼老师希望能在语言教育领域有更好的学习提升，逐步形成自己的教学特色。为此，小鱼老师开始自学语言领域的知识，但很快她遇到了瓶颈，很有挫败感。于是，她向园长倾诉自己的困惑，园长表示理解并十分赞赏小鱼老师努力追求进步的品质。在园长的指导下，小鱼老师对自己的专业发展进行了SWOT分析，找到自己的优势与不足，以讲述活动作为语言领域研究的切入点。园长还向小鱼老师推荐了幼儿语言领域的专业书籍，并邀请她加入幼儿园语言专题研究小组，在团队合作互助的学习氛围中，小鱼老师对自己的专业发展有了更加清晰的认识。

③赋予部属权利，激发部属的积极性和创造性。

释义：管理者运用项目管理的思路，充分赋予参与项目的教师权利，不过多干预和控制，激发教师的积极性、创造性和责任感。

案例：最近，幼儿园承担了市级培训项目。为了更好地推进这项工作，支持教师发展，幼儿园成立了专项工作小组，由李老师担任组长。刚接到任务时，李老师既兴奋又担心，怕自己不能很好地完成项目，大事小情都一一向园长汇报。园长既感受到了李老师的认真负责，又感受到了李老师的担忧和焦虑，便鼓励她："你是一位非常有想法和有创造力的老师，前期的工作成效已经证明了你的工作能力。在接下来的工作中，你可以更多地发挥团队合力，整合幼儿园的优质资源，带领工作小组高效完成任务。我会在你需要时给予支持和帮助，并定期与你沟通。相信你一定能圆满完成这项工作！"

④不带主观色彩和成见地对待每位部属。

释义：管理者对部属的行为表现做出价值判断时，要有充分的事实材料，尽量客观地做出判断，而不是根据自己先入为主的想法和观念做判断。

案例：工作两年的星星老师在学期末优秀员工的评比中榜上提名了，为此，有多年工作经验的曲老师向园长提出了疑问。园长耐心地回应："星星老师刚入职时，我觉得她总是大大咧咧的，担心她对幼儿的关注不够细致，容易出错。但两年来，每次查阅她的备课本我都能看到她深入的反思，在班级日常工作中也总能看到她耐心地与家长交流的身影。最近一年，她还发表了两篇有关幼儿观察案例。我们对优秀员工的评价就是要基于她的真实表现，要给予她积极的回应与鼓励。"

⑤帮部属理解、认同幼儿园的理念和制度。

释义：管理者有责任向部属阐述和解释幼儿园的理念与制度，尽力争取部属的理解和认同。

案例：青青是新入职的教师，平时工作踏实勤奋，对幼儿也耐心细致，一直保持着积极的工作状态。而拿到工资单后，青青老师产生了负面情绪，由于当月她有几次迟到和不规范的打卡记录而被扣除了部分奖金。青青老师认为自己平时经常为准备第二天的活动工作到很晚，创设活动区时还连续加班，为什么不能将自己加班的时间与迟到的时间相抵扣呢？青青老师向分管领导倾诉自己的苦闷，分管领导首先对青青老师的情绪表示接纳，然后和她一起分析了迟到可能产生的不良影响，并就教师加班、调休等工作制度进行了解释。青青老师对幼儿园的管理制度、育人目标以及价值倡导有了更加清晰的认识。

（二）必须做到的专业行为

①对每位部属抱着积极的期望。

释义：管理者对每位部属的发展都要抱着积极的、稳定的期望，将自己的期望准确地传达给部属。

案例：在新一轮的人事安排中，园长将小丁老师提拔为班长，让其全面负责一个班级的工作，这对于刚工作时间不长的小丁老师来说是一个全新的挑战。面对新的工作安排，小丁老师既兴奋又担心，害怕自己经验不足，无法胜任这项工作。

开学前，园长与小丁老师进行了深入的沟通："新班长的工作对你来说是一个挑战，也是一个全新的成长平台。你有较强的学习能力，喜欢思考，善于沟通，在前期工作中你表现出的创造力与行动力一定能帮助你很快适应新的角色。我希望你能将这个挑战变为成长的动力，在班长岗位的历练中提升自己的专业素养，成为一名优秀的幼儿教师。"

②信任部属。

释义：管理者要充分地信任每位部属，信任其品行和能力足以高质量地完成幼儿园的各项工作。

案例：在加强幼儿园对外宣传的建设中，幼儿园领导希望能够开设官方微信公众平台，推送幼儿园的各项活动。为了激发更多的老师参与公众平台的建设，园长向全体老师发布了招募启事。年轻的林老师主动向园长提出了承担官微小组组长的申请，并向园长汇报了自己对新媒体技术的研究与思考。在组建官微小组的过程中，很多老师都担心年轻的林老师无法兼顾日常教学与官微工作，不适合担任小组组长。园长在工作小组的启动会上宣布了林老师在这项工作中的任命，并对她给予了充分肯定："林老师有较强的执行力和计划性，工作踏实，有创新精神，相信她一定能够带领小组成员共同努力，打开官微工作的良好局面。我也相信她能够合理安排时间，兼顾班级工作的开展和幼儿园公众平台的建设"。

③尊重部属的人格尊严，对事不对人。

释义：管理者在与部属的沟通中，针对具体的事情讨论部属的得失和需要改进的地方，不评价部属的人品和能力。

案例：最近幼儿园组织教师参加区里的教学活动竞赛，罗老师作为代表参加了此次竞赛活动。由于罗老师在活动前对执教班级幼儿的学习能力预估不足，因此活动效果并不理想，没能在竞赛中崭露头角。面对活动的失利，罗老师心里非常难过，分管领导主动找到罗老师并与其沟通。罗老师以为领导会认为她能力不足，欠缺教学经验，但在沟通中，领导并未对比赛结果进行评价，而是聚焦比赛失利的原因和罗老师进行了探讨。其一在于罗老师对参赛规则不够熟悉，出现了较多的失分点。其二在于罗老师过多关注教学形式，忽略了幼儿发展的核心经验，因此导致罗老师对幼儿发展的预估距幼儿的最近发展区较远，活动成效不好。同时，分管领导还就竞赛中出现的问题给罗老提出了真诚的建议。

④尊重部属之间的个体差异。

释义：管理者承认每位部属在能力、经验、态度等方面存在很大的差异，然后在尊重这些差异的基础上思考如何合理地调配人力资源。

案例：幼儿园成立了专项工作小组负责幼儿园的新教师培训项目。小组成员中，既有活泼开朗的琳琳老师，也有经验丰富的陈老师，还有思维缜密、严谨踏实的娟娟老师。在安排具体工作时，园长尊重她们的差异并依据几位老师的不同性格、特质及工作经验，分配不同的任务。娟娟老师负责活动计划的拟订，琳琳老师负责与年轻老师的日常沟通与交流，陈老师负责将幼儿园的各项资源整合纳入到教师培训的计划中。三位老师在自己的工作中发挥专长，通力合作，有效地推进了培训项目的开展。

⑤平等对待每位部属。

释义：管理者不因部属在某些方面（如能力、态度、与自己的关系）的特征而偏向任何一位部属，努力做到给每位部属提供平等的学习机会、发展机会和展示机会。

案例：新学期伊始，幼儿园有一个外出培训学习的机会，根据培训学习的要求，每位教师都可以向园长提出申请。在这次培训中，教师将有机会与多名幼儿教育专家对话，因此有不少教师报名。也有老师私下议论："这种机会一般都是领导内定的，领导想让谁去谁就可以去，报名有什么用。"为了公平公正地选出参加培训的教师，幼儿园重新细化并公布了评选标准，组织教师依据评选标准公平竞选。同时，幼儿园还注重评比过程的公开透明，最终通过层层筛选确定了参培人员。

⑥保证部属的知情权。

释义：对幼儿园的重大决策和事项管理者要向教师广泛征求意见，让教师充分知情。

案例：近期，幼儿园领导对教师的工资待遇和劳动福利等方面有了新的设想，请财务室蒋老师根据国家相关规定拟写了计划书，并呈报给园长。园长决定召开教职工大会，将新举措提交给全园教职工大会审议。而财务室新入职的李老师表示非常不解："这个计划书在拟订时综合考虑了多数人的利益，对大家都好的事为什么不直接实施呢？"蒋老师耐心地解释："每一名教职员工都有义务和权利了解幼儿园发展的方向，以及管理规范的相关制度和决定。工资待遇和劳动福利的调整是和教师息息相关的重大事项，是需要广泛征求大家意见并让大家充分知情的。"李老师听后明白了此次大会的重要性，与蒋老师一起在大会上针对工资待遇和劳动福利的调整向全园教职工进行了详细说明。

⑦基于证据和事实表扬或者批评部属。

释义：管理者对部属在某些方面的表现做出表扬或者批评时，要保持客观的态度，基于事实和证据做出具体的价值判断，而不是根据个人好恶。

案例：幼儿园在每学期结束时，都会根据本学期课程开展的情况，对教师的课程设计与实施做出评价。在评选本学期的优质课程时，苹果班的课程在小班年级组脱颖而出。苹果班的班长刘老师是一位教龄只有三年的年轻教师。她既没有丰富的课程设计经验，也不像很多有经验的班长一样有研究专长，而且苹果班的其他教师也都是年轻教师。评选结果引起了很多老教师的不解，他们不相信刘老师班级的课程是优质课程。在宣布评选结果时，园长特意对此次课程的评选标准进行了详细阐释，并就前期教研组对课程评选做的数据分析进行了现场说明，还针对刘老师班级在此次课程设计中的亮点进行了罗列："这学期苹果班的课程注重基于幼儿的兴趣展开，内容丰富，形式多样，帮助幼儿在艺术欣赏中感受美，在轻松、自由的氛围中表达美。为了有更好的课程体验，苹果班的教师充分调动、整合了家庭资源及社区资源。幼儿在这个过程中收获满满，他们的课程是值得我们肯定和学习的"。看到园长展示的分析数据以及刘老师呈现的儿童成长分析报告、网络图、资源库等课程相关资料，教师们都感受到了此次课程评选的公平与公正，也感受到了刘老师在课程设计中的努力与成效。

⑧与部属合作完成任务或者解决问题。

释义：管理者与部属分工合作完成某项任务，而不只是下达命令、转交任务和遥控指挥。

案例：每年开学前，园长都要带领行政团队精心设计一次班长培训会，旨在传递前沿幼教信息的同时，帮助教师为新学期的工作做好规划。为了更加细致地做好班长培训会的准备工作，园长提前一个月组建工作小组，指定了一位副园长作为项目负责人带领行政团队与部分骨干教师参与培训方案的设计与组织实施等工作。在筹备培训会的过程中，项目负责人多次召集相关教师展开项目研讨，就培训会的重要议程与开展形式进行讨论。多次讨论后，大家对于培训内容与具体实施形式的意见仍不统一。了解情况后，园长立即组织项目组成员再次展开研讨，通过讨论确定了此次培训活动的核心议题——构建班级课程实施的支持系统，并从课程理念、活动设计到儿童发展评价等维度梳理了培训活动的具体内容。在园长的指导下，项目组成员对活动的价值与意义有了更加深入的理解。随后，园长及项目负责人与项目组成员一起对培训会的每个环节进行了细致的讨论，围绕参与经验分享的教师的议题进行了研讨。在大家的齐心协力下，培训会如期举行，并收到了很好的效果。

⑨赞赏每位部属的贡献和智慧。

释义：管理者对每位为幼儿园做出贡献的部属都要在公开场合表达积极的、具体的赞赏。

案例：为了更好地促进幼儿园发展，新学年伊始，园长带领全体教职员工就幼儿园的发展与规划进行了 SWOT（Strength，Weakness，Opportunity，Threat）分析。活动中，教师积极参与、建言献策，最终汇总梳理出 100 多条建议。之后，园长带领行政团队成员加班加点认真阅读了每条建议，并逐一归类，再通过全体教职员工民主投票，最终筛选出大家最关注的十个重点问题并将其纳入幼儿园新学期的工作计划中。在教职工大会上，园长表扬了每位提出建议的教师，感谢大家为幼儿园的发展建言献策，并对已纳入工作计划的十个重点议题进行了介绍。园长告诉大家："幼儿园的发展与每位教职员工息息相关，在发展过程中，只有充分激发每位教职员工的工作热情，汇聚每位教职员工的聪明智慧，才能更好地促进幼儿园的发展。"

⑩保护部属的知识产权。

释义：管理者要在幼儿园倡导和宣传尊重知识产权的重要性，设计制度防止教师的知识产权遭到侵害。

案例：作为市级骨干教师的小青老师，有着非常丰富的数学教学经验。在幼儿园承办的一次国际交流活动中，小青老师作为中方教师代表，为参会的老师、外宾呈现了一次有趣的数学活动，幼儿和小青老师的精彩表现赢得了与会代表的充分肯定。活动结束后，很多来园参会的老师找到小青老师，希望她能共享此次活动的设计方案。小青老师将这一情况向园长进行了汇报，征求园长的意见。了解事情经过后，园长从教师知识产权保护的角度向小青老师解释道："活动设计方案是你个人的教学成果，你可以自愿选择是否共享。但我建议你先梳理活动方案并投稿发表，再共享你的经验，这样既满足了大家了解你活动设计的需求，也保护了你自己的知识成果"。小青老师非常赞同。为了更好地保护老师们的科研成果，幼儿园还完善了相关的管理制度：园务部负责汇总与整理幼儿园和教师的科研成果资料，如需借阅、复制幼儿园或其他老师的科研成果、活动实录，应完成相关的申报手续。

⑪部属面临危机情境时，管理者必须第一时间出面。

释义：当部属处于危机情境时，如幼儿发生意外伤害事件、教师与家长或者同事发生冲突等，管理者必须第一时间出面来处理事件，控制事态的发展。

案例：张老师是一位新老师，在组织户外活动时有个幼儿意外跌倒了。保健医生根据情况判断幼儿的右手很可能脱臼了。从未遇到过类似情况的张老师非常紧张，手足无措。分管行政的陈老师获悉幼儿摔伤后，第一时间前往现场了解详情。陈老师一边安抚张老师的情绪，一边与幼儿家长取得联系，了解到幼儿有习惯性脱臼的问题。随后，陈老师与张老师一同护送幼儿前往医院，并与幼儿家长进行了细致的沟通。事后，她还与张老师通过情景再现的方式分析了事故发生的原因，讨论总结在遇到幼儿意外事故时教师的应对策略及家园沟通交流的方式，指导张老师持续关注受伤幼儿的康复情况。

⑫接纳部属的不同意见或建议，并认真给予反馈。

释义：对于部属提出的意见或者建议，不管部属的动机如何，管理者都要认真对待并给予具体的意见反馈。

案例：在新学期的课程研讨会上，园长带领教师讨论学期课程计划。小组研讨时，李老师对本学期安全教育活动的设计提出了异议，认为大中小班的安全教育方案没有完全满足该年龄段幼儿的学习需求。面对李老师的不同意见，园长没有立刻否定，而是请教研组组长带领全体教师将近几年的安全教育活动内容与形式全部罗列出来，对照儿童的认知发展水平、学习方式分小组分析研讨，将可以保留、建议替换、需要修改的教学内容分别整理出来。在领导的支持和集体协作下，不仅李老师的意见得到了积极的反馈，而且安全教育课程资源也得以丰富和完善。

⑬基于部属的意愿和能力分配工作任务。

释义：在管理的过程中，管理者要充分了解幼儿园的人力资源状况，尽可能根据员工的特长、兴趣和意愿安排工作和岗位。

案例：新学年即将开始，幼儿园增设了一个班级，因此需要提拔一位新班长。管理者首先想到了已有五年工作经验、工作踏实认真、深受家长和幼儿喜爱的陈老师。对此，园长与陈老师进行了沟通，陈老师却说："虽然我已有 5 年的幼儿教育经验，但在家园工作、儿童创造性发展的培养等方面还有很多需要提升的地方，希望能继续跟随一位经验丰富的老教师工作学习，同时我也将充分利用网课资源、书籍资料等学习途径加强这些方面的专业学习。"针对陈老师的想法，园长召集管理团队的教师进行了商讨，认为陈老师对专业发展有清晰的认识和合理的规划，应该给予她专业成长的空间，支持她学习的热情。在新学年的工作安排上，园长根据陈老师的个人意愿，安排陈老师跟随一位经验丰富的教师工作学习。

⑭关心部属的工作与生活，聆听部属的心声，保障部属的健康。

释义：管理者关心部属的工作状态和身体状态，尽可能为教师减负，提供条件让教师保持身体健康。

案例：近期天气多变，很多教师都生病了。发现这一现象后，园长召集管理团队开了一次碰头会，希望每位管理人员都能深入一线了解教师最近的工作状态，倾听他们的心声。通过与教师的沟通交流，园长了解到，教师由于上班时间忙于教育教学工作，回家后还要照顾家中的老人和孩子，基本没有锻炼身体的时间，而忽略了自己的身体健康。为了更好地关心教师的工作生活，幼儿园帮助他们系统地总结了高效工作的方法，还为教师购买了羽毛球、乒乓器、瑜伽垫等健身器材，制订了不同的运动健身计划，邀请他们积极加入运动健身队利用课余时间参与体育活动。教师的课余生活更加丰富，他们的状态也渐渐地好起来了。

⑮维护部属的隐私、自尊、声誉及形象。

释义：管理者尊重部属的隐私，不打探和传播部属的隐私，维护部属的人格尊严和声誉。

案例：叶老师是幼儿园相当有影响力的老师。最近由于各种原因，叶老师和丈夫协议离婚了。尽管她在这件事情上一直保持低调，但她离婚的消息还是被传出来了，这一消息引起了部分教师的私下议论。这天，园长巡查时正好听到两位教师在悄悄议论叶老师离婚的事情，园长立即严肃制止，并耐心引导："婚姻状况属于个人隐私，在当事人不愿意公开的情况下，我们要予以尊重，不应进行任何讨论。"随后，园长在管理人员的工作例会上提出，希望每位管理者都以身作则，在园内营造和谐有爱的氛围。

（三）坚决禁止的行为

①对部属有成见，不用发展的眼光看待部属。

释义：管理者对部属的能力等方面形成了刻板印象和成见，认为部属已经不具备进一步提升和进步的可能。

②歧视、孤立、冷漠对待部属。

释义：管理者有意孤立不与自己保持一致意见的部属，对其态度冷淡，甚至公开表达自己对部属的不满和歧视。

③挖掘、传播部属的隐私。

释义：管理者四处打听部属的个人隐私并在各种场合宣扬。

④用物质或者其他方式拉拢部属。

释义：管理者通过赠送小礼物、聚餐或者许诺等方式拉拢部属听从自己的管理并使其与自己保持一致。

⑤与部属建立和发展私人友谊而影响到决策。

释义：管理者与某位或者某些部属建立了私人友谊，在做出某些决策的时候因为有意照顾或者偏袒部属而影响了决策。

另类接力赛

⑥将责任推卸给部属，自己不承担责任。

释义：当决策、项目出现问题或者不良后果的时候，管理者首先想到的不是如何补救和改进，而是将责任推卸给部属，自己不承担任何责任。

⑦与部属争夺利益。

释义：管理者在评优评奖、职称晋升等涉及教师切身利益的事件中，优先考虑自己的利益，利用行政权力让自己首先得到某些利益。

⑧在遇到问题时，不及时沟通，强行压制部属。

释义：在遇到不同意见或者有争议的时候，管理者不是通过寻找证据和事实来理性说服部属，而是运用行政权力来压制部属。

⑨在工作中掺杂个人好恶，讲人情、看关系。

释义：管理者对部属的工作表现作评价或评优评先时，根据自己的喜好、部属与自己的亲疏程度、关系远近等因素做出不公正的判断。

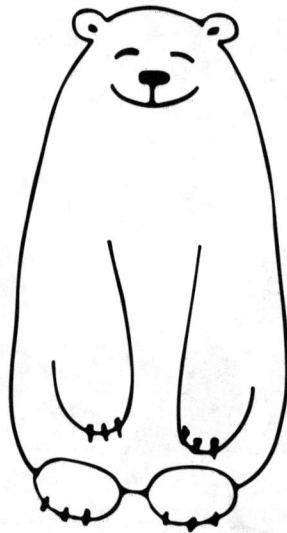

第五章 规范之外的伦理问题之解决

　　就幼儿教师专业伦理规范本身而言，不管哪个国家或者地区制定的规范，无论在制定的时候设想得多么严密和成体系，都无法改变专业伦理规范在很多时候就是一种原则性表述的事实，它不可能涵盖幼儿园教育情境中发生的所有伦理问题，并给出万全的解决办法。幼儿教育工作者在具体的教育情境中，会遇到很多成文的伦理规范没有涉及的场景和问题，甚至是两难问题。这些现有的伦理规范无法涵盖的伦理问题会给教师带来不小的心理压力和挑战。更为重要的是，随着社会文化的变迁以及科学技术的变革，一些新的技术设备的使用带来了新的行为方式和新的伦理问题，这可能直接导致在特定时期制定的专业伦理规范会在一定范围内脱离时代和幼儿的实际生活，为此必须有应对的方式。

　　任何专业伦理规范都不可能完美，就像美国幼教协会一样，采取对专业伦理规范进行 5 年一次大修的措施，可以部分化解专业伦理规范过时和脱离时代的风险，但还是不能解决教师在当下日常教学过程中可能遇到的伦理问题。为此，在形成成文的专业伦理规范的基础上，非常有必要发展一套应对现有规范没有的或者很难给出解决办法的伦理问题的解决程序，以确保幼儿教师明确专业伦理的真谛，让儿童中心的思想和儿童权利优先的理念真正落到实处。

● 第一节　建构伦理问题解决程序的指导思想

建构伦理问题解决程序的指导思想与建构专业伦理规范的指导思想是一致的，即以儿童权利最大化为指导思想。在联合国《儿童权利公约》中，儿童权利最大化或者儿童权利优先虽然是四个基本的原则之一，但是并没有明确的界定，主要可能是由其内涵的动态性和发展性决定的。在幼儿教育领域，可以将其理解为在做出教育决策和开展教育教学活动的时候，以保护和落实幼儿的身心健康以及各项基本权利为唯一的出发点和归宿。

具体到这里，解决程序的设计，必须始终围绕一个核心问题，即"这样做对幼儿某个方面或者基本权利的实现是否最为有利"，而判断是否最为有利就需要结合儿童的具体情况和发展状态，如性别、年龄、家庭情况、身心发展需求、身心发展程度等，而不能一概而论。

需要特别指出的是，伦理问题解决程序的要素和过程设计必须处处体现儿童权利优先的理念，这并不意味着必须或者只有牺牲教师的权利才能实现。设计者需要同时兼顾儿童和教师双方的权利，不能以牺牲教师的权利换取儿童的权利，在设计时需要不断追问"这样做，教师能接受吗，是否会威胁他们的权利和利益？"

● 第二节 伦理问题的解决程序

伦理问题在幼儿园教育情境中随处可见，但伦理问题是具备道德伦理意识的教育者或者研究者提出和建构起来的。从逻辑上看，伦理问题的解决必须从伦理问题的建构开始，根据已经澄清的伦理问题，采用公开、民主、对话的思路寻求既可保护幼儿权利且各方又都能接受的解决之道，让教师的教育行为成为"善"的行为。

一、发现伦理问题

伦理问题指的是一种对教师构成伦理道德挑战的情境——怎么做才对幼儿最好，同时又能兼顾其他各方的权益。它存在于日常的教育实践中，需要教育者主动发现和建构，将其清楚地表述出来。一些让教师为难、两难或者不知所措的教育情境中都可能蕴藏着伦理问题，教育者立足实践情境，秉持儿童权利优先的理念，用追求善的眼睛就有可能发现问题。举例来说，随着移动终端的运用和普及，幼儿园以及园内的各个班级都会在社交平台上建立账号和发布信息，几乎所有的幼儿教师都运用社交媒体与家长和公众沟通。这中间就产生了一系列让教师、让幼儿园管理者、让家长头疼的问题：上班时间可以使用智能手机在社交媒体上发布信息吗？每次在社交媒体上发布与本班幼儿相关的活动信息时，是否要把所有幼儿的情况都放上去？如果是，教师觉得工作量太大，不全部放又担心部分家长有意见；教师该不该用非工作时间，尤其是晚上或者周末来更新社交媒体上的幼儿信息？……这都是伦理方面的问题。

二、展开头脑风暴

伦理问题得到确认和澄清后，我们不能着急做出价值判断或者拿出解决方案，而要在明确问题的基础上，组织与问题相关的利益各方，就解决问题的可能方式展开头脑风暴，尽可能多地找到解决问题的思路和方法。在这一步骤中，问题解决方法的数量比质量重要，切忌对某种可能的解决方法做出价值判断，以免不利于找到更多更好的解决办法。

以上述问题——每次在社交媒体上发布与本班幼儿相关的活动信息时是否要把所有幼儿的情况都要放上去为例，该问题可能有以下解决方法。

如发布的信息包含幼儿的图片，那么确保该幼儿家长可以看到。

采取轮流的方式，这次发布一部分幼儿的图片，下次发布另一部分幼儿的图片。

关注发布信息的主题和选择最能反映主题的图片。

发布信息时不呈现任何幼儿的图片。

每次发布信息时挑选教师认为表现好的幼儿或者自己喜欢的幼儿的图片。

每次发布信息只有文字没有图片，文字中也不提具体幼儿的姓名。

……

这一步骤的关键在于倾听与此问题相关的利益各方的声音，如教师、家长、管理者、学前教育研究者、其他社会人士等对解决方法的意见，不区分意见价值的大小，重在产生足够数量的且相互不重复的解决方法。

三、利益权衡

在列举出尽可能多的解决伦理问题的方法之后，就需要从幼儿权利的角度、教师权利的角度、家长权利的角度等方面进行利益分析，比较哪种解决方式或者哪几种解决方式合并起来最能够确保幼儿的利益，与此同时还能兼顾教师和家长的利益，让各方都能接受。

以上一步中第一种解决办法为例来分析一下这一解决方式可能对各方利益产生的影响。从幼儿的角度来看，这一解决方式对幼儿的权利几乎不会产生任何影响，因为社交媒体上的信息的受众主要是成人，是家长和部分社会人士，幼儿受发展水平和健康风险方面的制约，阅读理解社交媒体信息的可能性不大。从家长的角度看，就常理而言，家长都想在社交媒体上看到自己的孩子，相应地也希望或者要求教师尽可能把自己的孩子放到信息中，这一解决方式会让家长得到心理满足，对其产生益处。从教师的角度来看，在当前国内幼儿园班额比较大的情况下，教师每次发布信息时所用的图片要涵盖所有幼儿，这就需要花费大量的时间、精力去拍摄和剪辑照片与视频，甚至有时候会占用教师的业余时间，耗费教师的金钱，这一解决方式对教师造成的伤害可能最大，需要引起各方关注。总体来看，这种解决方式一方没好处也没坏处，一方得利，另一方则明显受损，可见这并不是一种最优的选择，只能是一个次优的选择，我们还需要寻找能平衡各方利益的最优解决方式。

我们可以按照这一思路对所有可能的解决方式进行利益相关的分析，尽可能从中找到既能保护幼儿又能平衡各方利益的解决之道。

四、确定解决方式并形成案例

找到最优的（有时候可能是次优）解决方式之后，教师和管理者就可以暂时达成共识，将其写成专业伦理规范的条文，同时附上整个伦理问题的讨论、分析、解决过程，形成一个真实的解决伦理问题的案例，放入事先建构好的幼儿教师专业伦理规范的适当位置，对既有的专业伦理规范形成有效的补充和解释。虽然达成了共识，找到了解决方式，但是我们仍然要对其持开放的态度，随时准备寻找更好的解决方式。幼儿教育工作者一定要将幼儿教师专业伦理规范视为自己的专业信念和理想，用它来指引和纠正自己的教育行为，确保自己的行为是善的，同时保持足够开放的心态，牢记儿童权利至上的原则，运用民主开放的问题解决程序，解决可能出现的新的伦理问题。

● 参考文献

[1] 蔡淑桂.幼儿保育专业伦理[M].台北：永大书局有限公司，2013.

[2] 丽莲·凯兹.与幼儿教师对话——迈向专业成长之路[M].廖凤瑞，译.南京：南京师范大学出版社，2004.

[3] 卢风，肖巍.应用伦理学概论[M].北京：中国人民大学出版社，2008.

[4] 檀传宝.教师伦理学专题：教育伦理范畴研究[M].北京：北京师范大学出版社，2000.

[5] 曾火城，黄柏叡，等.幼儿教保专业伦理[M].台中：华格那企业有限公司，2009.

[6] 陈连孟.幼儿教师专业伦理形成研究[D].重庆：西南大学，2013.

[7] 姬生凯.NAEYC幼儿教师伦理操守准则与承诺声明的演进与启示[D].杭州：浙江师范大学杭州幼儿师范学院，2014.

[8] 林翠屏.国民小学教师专业伦理信条之研究[D].屏东：屏东师范学院，2000.

[9] 李曼.幼儿园教师专业实践中的伦理困境研究[D].上海：华东师范大学，2016.

[10] 李园园.幼儿园教师伦理敏感性及其影响因素研究[D].杭州：浙江师范大学杭州幼儿师范学院，2017.

[11] 孙现茹.幼儿教师专业理念与师德的现状与对策研究——以河南省×市城区幼儿园为例[D].新乡：河南师范大学，2016.

[12] 王雅茹.幼儿园教师专业伦理的缺失与生成[D].杭州：浙江师范大学杭州幼儿师范学院，
    2011.

[13] 王小溪.幼儿园教师专业伦理研究[D].长春：东北师范大学，2013.

[14] 种瑞.幼儿园教师专业伦理观念与行为的现状研究——基于对浙江省部分市县幼儿园教师的
    调查[D].杭州：浙江师范大学杭州幼儿师范学院，2013.

[15] 张杰.幼儿教师专业伦理困境研究[D].重庆：西南大学，2015.

[16] 步社民.专业伦理与幼儿园教师的专业成长[J].教育发展研究，2013（15）.

[17] 步社民，姬生凯.幼儿园教师专业伦理规范三国品[J].教育发展研究，2014（18）.

[18] 陈美华，廖瑞琳.幼儿园教师专业伦理实践困扰之研究[J].弘光人文社会学报，2013（16）.

[19] 冯婉桢.从"虐童事件"看幼儿园教师专业伦理建设的重要性[J].河北师范大学学报（教育
    科学版），2014（1）.

[20] 莱素珠.以"系统的/反思的个案研究法"初探幼保专业伦理两难[J].台中教育大学学报（教
    育类），2006，20（2）.

[21] 李园园，步社民.伦理敏感：幼儿园教师专业发展的核心能力[J].幼儿教育（教育科学），
    2017（1）.

[22] 梁福镇.教师专业伦理内涵与养成途径之探究[J].教育科学期刊，2005，5（2）.

[23] 罗昂.教师专业伦理的内涵与持续发展[J].中国德育，2008（4）.

[24] 罗肖泉.专业的伦理属性与专业伦理[J].学海，2010（6）.

[25] 邵小佩.论幼儿教师专业伦理 [J].教育导刊（幼儿教育），2009（10）.

[26] 索长清.台湾地区幼儿教师专业伦理规范的特点及其启示 [J].早期教育（教科研版），2015（1）.

[27] 索长清，蒋娟，但菲.澳大利亚幼儿教育伦理规范的特点及其启示 [J].教育探索，2016（7）.

[28] 汪慧玲，沈佳生.幼儿教师专业伦理实践之研究 [J].幼儿保育学刊，2007（5）.

[29] 王小溪，姚伟.美国幼儿园教师专业伦理规范的制定及其启示 [J].学前教育研究，2013（4）.

[30] 徐浩斌.关于幼儿教师专业伦理建设的思考 [J].中国教育学刊，2012（5）.

[31] 叶澜.新世纪教师专业素养初探 [J].教育研究与实验，1998（1）.

[32] 张纯子.幼儿园教保专业伦理信念及其班级经营实践之研究 [J].教育学志，2015（33）.

[33] Eisenberg L.. The Ethics of Intervention: Acting Amidst Ambiguity[J]. Journal of Child Psychology and Psychiatry, 1975, 16（2）.

[34] Fenech M., Lotz M.. Systems advocacy in the professional practice of early childhood teachers: from the antithetical to the ethical[J]. Early years, 2018, 38（1）.

[35] Frankel Mark S.. Professional codes: why, how, and with what impact?[J]. Journal of Business Ethics, 1989, 8（2-3）.

[36] King K., Shumow L., Lietz S.. Science education in an urban elementary school: Case studies of teacher beliefs and classroom practices[J]. Science Education,

2001, 85（2）.

[37] Nelson, W. A.. Defining Ethics, Healthcare Executive[J], 2006, 21（4）.

[38] Ozturk S.. The Opinions of Preschool Teachers about Ethical Principles[J]. Educational Sciences: Theory and Practice, 2010, 10（1）.

[39] Rich J. M.. The role of professional ethics in teacher education[J]. Action in Teacher Education, 1985, 7（3）.

[40] Soltis J. F.. Teaching professional ethics[J]. Journal of Teacher Education, 1986, 37（3）.

[41] Tirri K.. Teacher values underlying professional ethics[M]. International research handbook on values education and student wellbeing. Springer, Dordrecht, 2010.

[42] Terhart E.. Formalised codes of ethics for teachers: Between professional autonomy and administrative control[J]. European Journal of Education, 1998, 33（4）.

● 后 记

我们相信：幼教之道在于至善

德国著名哲学家雅斯贝尔斯在《什么是教育》中指出教育不过是主体间灵肉交流的活动，教育者对终极价值和终极真理的虔诚是一切教育的本质。没有虔诚之心的教育会退化为只注重内容而不是陶冶人的"劝学"。走入幼儿教育行业三十多年，我一直在思考，一位幼儿教师如果只是会某些技能知识、教导幼儿学习某些知识、心中没有关于终极价值的理想与信念，那么他的教育过程就注定只是关注内容和内容传授本身的"劝学"，而不是价值引导下的、向善向美的与幼儿之间的灵与肉的互动。这种教育说到底是反人性的，是伪善的，完全背离了雅斯贝尔斯所说的教育的本质。

幼儿教育领域的终极价值观在这几十年来并未发生太大的变化，归结起来就是：每个幼儿都是独一无二的主体，他们才是教育的中心；教育者要在与幼儿互动的过程中，用自己的灵魂和热情培养完整的人。我们始终期待这些核心价值观能够引导我们的教育过程，并完全体现在具体的教育过程中，只有这样才能保证我们的教育过程充满善意和温暖，培养出完整的儿童。

我们发现当下倡导的师德师风在教育实践中虽有价值引导的正面作用，但师德师风在很大程度上求诸教师的个人操守和道德自律，缺乏行为层面的规范和程序，不能确保全体教师参与的教育过程是符合主流幼儿教育价值观的善的教育，更不能确保每个幼儿都能受到应有的尊重和保护。鉴于此，在广泛借鉴经验的基础上，结合巴蜀幼儿园的教师发展实际，我们从 2016 年开始在原有师德师风工作的实践中，从专业伦理的角度入手，着手起草巴蜀幼儿园教师专业伦理规范，力求从行为层面规范和引导教师在具体教育过程中释放教育的人性之善。在起草过程中，我们始终秉承幼儿教育的核心和终极价值观——儿童中心，本着关怀儿童同时也关怀教师的理念，坚持本土化的原则，创造性地建构了巴蜀幼儿园教师专业伦理规范的框架和条文。我们的创新之处有两点。一点是我们在参照美国幼教协会总体框架的基础上，根据中国的实际情况，将每个维度按照教师专业发展的实际进程区分为倡导的专业行为、必须做到的专业行为和坚决禁止的非专业行为三个层面，这一划分很好地界定了专业行为和非专业行为的边界，同时也指出了教师将来努力的方向，融现实与理想于一体。另外一点是对于专业伦理规范的每个条目我们都有明确的释义和对应的案例或者漫画，这样做的目的和好处是便于使用者准确理解专业伦理规范条目的内涵，防止因为条文表述模糊而产生太多的解读和操作空间，从而导致专业伦理规范在实施中被架空。

制定巴蜀幼儿园教师专业伦理规范的意义不仅仅局限在巴蜀幼儿园层面，这一实践创新其实也是对中国幼儿教育中教师发展问题的一种回应。中国的幼儿教育发展到今天，迫切需要一套系统完整且有本土创新意义的幼儿教师专业伦理规范来约束和引导教育者的行为，从细微的教育过程来保障幼儿的各项权利，但愿我们的探索和实践能为更高层面建构广泛的幼儿教师专业伦理规范做出贡献。

　　在建构巴蜀幼儿园教师专业伦理规范的过程中，我们得到了很多国内一流学者专家的点拨与鼓励。我国著名教育家顾明远先生，在通读全书初稿后欣然作序，并为本书题写了书名。顾老先生的亲力亲为，关心、鼓励幼儿教育的新探索，使我们备受鼓舞；北京师范大学教育学部郭华教授在本书的写作过程中，对写作框架多次提出了宝贵的修改意见，我们对郭老师的感激之情无以言表；西南大学教育学部苏贵民教授亲自参与专业伦理规范框架的建构与条目的筛选，多次与老师们研讨案例，苏老师的支持之情，令我们不能忘怀。我们还要感谢陈松老师为本书部分案例精心绘制漫画，为本书增色不少。此外，我们要感谢巴蜀幼儿园的老师杨虹莉、陈爽、张维亚、蒋娟、范晓丹、豆蔡安娜、陈洁、林檬、李琦、王晓菊等为本书的写作、统稿等工作付出的劳动。感谢巴蜀幼儿园教师为本书提供案例素材，感谢行政管理团队邓大庆、李茜、周懋舒等为本书的孕育付出的智慧和力量。

　　巴蜀幼儿园的幼儿教师专业伦理规范虽然初步完成建构也正在付诸实施，并即将以《让幼儿教育充满伦理关怀》为书名正式出版，但囿于作者的视野和实践经验，它肯定存在诸多不完美之处，也不可能解决实践中幼儿教师专业伦理方面面临的一切问题，我们期待各位同行和专家不吝赐教，以便我们不断研究和解决新的伦理问题，因为我们的目的是相同的——用善的教育培养完整的幼儿。

罗 虹

2018 年 10 月 6 日

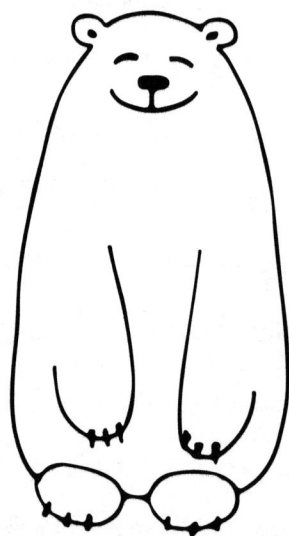